Finde deinen Weg
nach der Schule

werde, wer du bist

JULIA VON WINTERFELDT, SONIA RUTHA, SVEN VON DER HEYDE

Finde deinen Weg nach der Schule

werde, wer du bist

SOULWORX

Tauche ein in dein Potenzial und finde deinen Weg nach der Schule

Inhalt

Vorwort

Hey du, wie geht es dir und was erhoffst du dir von dieser Reise zu dir selbst?

„Hi, ich bin Ben,
17 Jahre alt und mache nächstes Jahr mein Abitur. Ich möchte herausfinden, was meine Stärken sind und wie mein Leben nach der Schule aussehen könnte."

„Hi, ich bin Elsa
und ich schwimme gerade etwas in meiner Studienplanung. Ich weiß gar nicht, was ich studieren soll. Soll ich überhaupt studieren? Diese Fragen stelle ich mir."

„Hi, ich bin Anton,
ich habe ein paar Ideen, wo mein Weg hinführen könnte, jedoch bin ich mir sehr unsicher und habe das Gefühl, meine Talente noch nicht richtig erkannt zu haben. Ich würde gerne wissen, wo meine besonderen Stärken liegen und hoffe, dass ich dadurch besser weiß, was zu mir passt."

„Hi, ich bin Esra,
19 Jahre alt und habe letztes Jahr mein Abi gemacht. Nach einer längeren Reise habe ich im Juli meine Ausbildung zur Kauffrau für Marketingkommunikation begonnen. Mir gefällt es ganz gut, aber ich bin mir noch nicht sicher, ob es das Richtige für mich ist. Ich erhoffe mir, mehr Klarheit darüber zu gewinnen, was ich generell für mich in meinem Leben möchte. Mir ist wichtig, dass ich das, was ich tue, gerne tue, und vor allem ist mir die Gesundheit meiner Freunde und Familie wichtig."

„Hi, ich bin Emma,
16 Jahre alt und komme aus Berlin. Ich bin gerade in die Oberstufe gekommen und möchte einfach viel mehr über mich selbst erfahren :)"

„Hi, ich bin Mia,

nach meinem Abitur im letzten Jahr habe ich im August meine Ausbildung zur Pferdewirtin mit der Fachrichtung Klassische Reitausbildung begonnen. Da ich mich nicht entscheiden konnte, was ich nach der Schule machen möchte, habe ich mein Hobby vorerst zum Beruf gemacht. Ich wünsche mir allerdings mehr Klarheit darüber, wohin mein Leben führen soll. Respekt ist mir wichtig, sowohl gegenüber Menschen als auch gegenüber Tieren und der Natur. Finanzielle Sicherheit bedeutet mir viel und nicht zuletzt meine Familie!“

„Hi, ich bin Timur,

und meine drei Stärken sind gutes Zuhören, motivierend sein, lösungsorientiertes und proaktives Denken. Derzeit lebe ich noch zu Hause in Göttingen bei meiner Familie, schaue aber sporadisch nach Wohnungen/WGs. Im Januar habe ich meine Ausbildung zum Mediengestalter abgeschlossen und beginne im Oktober eine einjährige Weiterbildung in einer Werbeagentur. Was danach passiert, weiß ich noch nicht. Ich habe das Gefühl, auf meinem Weg etwas festgefahren zu sein und möchte daher herausfinden, ob ein anderer Weg vielleicht besser wäre. Besonders wichtig ist mir das Wohlbefinden anderer in meinem Umfeld, weshalb ich nun denke, dass ich mich auch mal um mich und meine Bedürfnisse kümmern sollte. Die Sicherheit in meinem Leben ist mir ebenfalls sehr wichtig — also was mich grob erwartet und welchen Plan ich verfolgen werde.“

Danke, dass du hier bist!

Vielleicht geht es dir ähnlich wie Ben, Elsa, Anton, Esra, Mia, Emma und Timur? Sie alle haben sich — gemeinsam mit vielen anderen jungen Menschen — mit unserer Hilfe auf eine Reise zu sich selbst begeben, um mutig und selbstbestimmt ihren Weg nach der Schule zu gehen. Mit diesem Buch laden wir auch dich dazu ein, herauszufinden, was du wirklich, WIRKLICH mit deinem Leben nach der Schule anfangen willst.

Wir wünschen dir viel Freude beim Entdecken und hoffen sehr, dass unser mit viel Liebe und Freude geschriebenes Buch nicht nur dein Interesse weckt, sondern auch deine Sichtweise auf dein eigenes Potenzial erweitert.

Gerade du als junger Mensch hast das Recht, dein Potenzial voll und ganz zu leben. Denn es ist dein Leben, deine Zukunft und deine persönliche Erfüllung, um die es hier allein geht.

Willkommen auf deiner Reise zu dir selbst, die hier und jetzt beginnt.

Julia, Sonia, Sven

Ein/eitung

Warum soll ich dieses Buch lesen?

Wir wissen nicht genau, wie dieses Buch in deine Hände gelangt ist. Vielleicht hast du es geschenkt bekommen, selbst gekauft oder aus der Second-Hand-Bücherkiste gefischt. Egal, wie oder warum du jetzt diese Zeilen liest: Du hast nichts zu verlieren und alles zu gewinnen.

Vielleicht bist du jemand, der sich gerne philosophischen Fragestellungen widmet: Was ist der Sinn des Lebens? Was ist der Sinn *meines* Lebens?

Vielleicht bist du schon ein wenig genervt, weil dich alle in deinem Umfeld fragen: Weißt du schon, was du nach der Schule machst?

Und jetzt kommen wir und stellen eine noch größere Frage: Weißt du, wer du bist und wer du sein willst?

Sei dir gewiss, kaum jemand kann die Antworten auf diese Fragen aus dem Hut zaubern. Und es ist eine völlig menschliche Tendenz, unsere Antworten im Außen zu suchen. Wir recherchieren auf diversen Websites, sprechen mit Bekannten, Freundeskreis und Familie und machen Praktika oder touren durch die Welt. Das ist auch alles sehr wichtig und gleichzeitig glauben wir an die Wahrheit dieses Spruchs:

> „Es ist nicht leicht, das Glück in sich selbst zu finden, doch es ist unmöglich, es anderswo zu finden."

(orientalische Weisheit)

Du weißt schon genau, was du machen möchtest und hast einen Masterplan für dein Leben? Das ist großartig und bewundernswert! Es ist nicht unsere Absicht, dich mit diesem Buch zu verunsichern.

Wenn du dich trotzdem dazu entscheidest, in diesem Buch zu blättern, dann stelle es dir so vor: Du hast gerade eine komplexe Matheaufgabe gelöst und bist ziemlich happy. Jetzt möchtest du noch einmal in Ruhe deinen Lösungsweg überprüfen und checken, ob wirklich alles stimmt. Dafür stellen wir dir die passenden Fragen und Tools zur Verfügung. Am Ende kannst du dann mit großer Sicherheit sagen: „Yes, ich habe die Bestätigung, das ist der für mich richtige Weg."

Oder stell dir vor, du hast eine Gedichtinterpretation geschrieben und glaubst, du hast den Nagel auf den Kopf getroffen. Ein paar Tage später stellst du auf einmal fest, dass du die tiefere Bedeutung einer Metapher nicht erkannt hast und deshalb wie bei einem Eisberg nur die Spitze und nicht den unter der Wasseroberfläche befindlichen Teil gesehen hast.

Du bist dieses Gedicht und du bist der Eisberg. In unserem Buch möchten wir dich dabei unterstützen, dich selbst zu entschlüsseln und zu verstehen, was auf den ersten Blick nicht sichtbar ist. Wir möchten dir helfen, deine eigenen Stärken und Talente in Verbindung zu bringen mit der bestmöglichen Version deiner Zukunft.

Deshalb ist es aus unserer Sicht so wertvoll, die Antwort auf die Frage, was wir nach der Schule machen wollen, (auch) im Inneren zu suchen. Wenn du deine innere Welt entdeckst und dich jetzt auf eine Reise zu dir selbst begibst, dann wirst du belohnt mit Erkenntnissen und Wahrheiten, die dein gesamtes Leben verändern können.

Immer wieder treffen wir in unseren Coachings und Workshops auf Menschen ab Mitte 30, die uns sagen: „Hätte ich das schon kurz nach der Schule gewusst, dann hätte ich mich ganz anders entschieden."

Wir glauben, dass es so etwas wie eine falsche Entscheidung in Bezug auf deine berufliche Zukunft nicht gibt. Jede Entscheidung birgt für uns das Potenzial, daraus zu lernen. Doch es gibt Entscheidungen, die sich nicht stimmig anfühlen. Entscheidungen, die nicht deine tiefen Wünsche und Träume widerspiegeln oder deine Talente und Stärken zum Strahlen bringen. Entscheidungen, die wir aus Angst und nicht aus Freude treffen. Aus Angst vor Ablehnung, aus Angst, den Erwartungen unseres Umfelds nicht zu entsprechen, aus Angst, keinen sicheren Job zu haben.

Im Jahr 2022 haben rund ein Viertel aller Auszubildenden und Studierenden ihre Ausbildung beziehungsweise ihr Studium abgebrochen. Laut einer Gallup-Studie haben mehr als fünf Millionen Arbeitnehmende in Deutschland bereits innerlich gekündigt. In diesem Buch wollen wir dich dabei unterstützen, deine Entscheidung über deinen weiteren Lebensweg mit mehr Freude und Leichtigkeit zu treffen. So, dass sie sich für dich stimmig anfühlt und dich in deine Strahlkraft bringt.

Dafür ist es wichtig, dir die Frage zu stellen: Wie definiere ich für mich Erfolg?

Wenn wir mutig sind und unsere eigene Definition von Erfolg kreieren, dann lösen wir uns von scheinbar existierenden gesellschaftlichen Normen und Vorstellungen und gewinnen dadurch ein großes Stück Freiheit. Es geht so schnell, dass wir dem hinterherlaufen, was andere für Erfolg halten und uns dann fragen, warum wir nicht erfüllt sind, wenn wir diese Ziele erreicht haben.

Natürlich können wir nie zu 100 Prozent vorhersagen, wie sich die Dinge entwickeln werden. Wir können uns für unser vermeintliches Traumstudium einschreiben und nach einigen Monaten feststellen, dass die Vorlesungen trocken und langweilig sind. Wir können eine spannende Ausbildung beginnen und darunter leiden, dass die Ausbildungsleiterin nur meckert und uns den Spaß an der Arbeit verdirbt. Genauso können wir positiv überrascht werden von der gemütlichen Atmosphäre in der kleinen Studentenstadt, obwohl wir eigentlich lieber einen Studienplatz in Berlin ergattert hätten.

Wir haben dieses Buch geschrieben, weil wir deine Herausforderungen kennen. Warte, das stimmt nicht ganz. Nur du selbst kennst deine Herausforderungen. Wir wissen lediglich, was relativ viele junge Menschen in genau deinem Alter bewegt und was sie in den vergangenen Jahren möglicherweise geprägt hat. Das muss nicht auf dich zutreffen und wir wollen auf gar keinen Fall Herausforderungen kreieren, wo für dich keine sind. Lass uns trotzdem einmal anschauen, was aus unserer Beobachtung heraus und nach Einschätzung vieler Expert*innen mögliche Challenges für dich sein können:

CORONA

Die sogenannte Copsy-Studie (Corona und Psyche) hat nachgewiesen, dass sich die Lebensqualität und die psychische Gesundheit vieler Jugendlicher in Deutschland durch die Pandemie verschlechtert hat. Das zeigt sich z. B. darin, dass Sorgen und Ängste sowie psychosomatische Beschwerden zugenommen haben. Zum Glück werden die meisten Jugendlichen die Krise vermutlich gut überstehen.

Allerdings hat sich Corona auch in anderen Bereichen negativ ausgewirkt. So sind durch die Lockdowns und Einschränkungen wichtige Elemente der Studien- und Berufsorientierung viel zu kurz gekommen. Praktika, Messen und Exkursionen mussten teilweise abgesagt werden. Du hattest dadurch vielleicht nicht die Möglichkeit, Einblicke in die (neue) Arbeitswelt zu erhalten und dich selbst und deine Stärken in einem Umfeld außerhalb der Schule zu erleben, um daraus geeignete Schlüsse für deine Zukunft zu ziehen.

Außerdem sind häufig soziale Kontakte auf der Strecke geblieben und die Schule konnte dir nicht immer ausreichend die Möglichkeiten bieten, die Skills aufzubauen und zu trainieren, die aus Sicht von Expert*innen für die neue Arbeitswelt entscheidend sein werden. Dazu gehören vor allem Kreativität, Kommunikation und Kollaboration, also fachübergreifende Fähigkeiten, die in fast allen beruflichen Kontexten eine wichtige Rolle spielen werden.

ORIENTIERUNGSLOSIGKEIT

Im Wintersemester 2023/24 bieten die deutschen Hochschulen über 20.000 Studiengänge an. Es gibt über 300 Ausbildungsberufe und laut Expert*innen werden im Jahr 2035 ca. 65 % der Jugendlichen in Berufen arbeiten, die es heute noch gar nicht gibt. Die Zeiten, in denen wir 40 Jahre lang in demselben Job oder demselben Unternehmen verbracht haben, sind mit großer Wahrscheinlichkeit vorbei. Doch wie sollen wir uns bei diesem Überangebot für das „Richtige" entscheiden? Wie können wir sicherstellen, dass wir das für uns Passende auswählen?

Stell dir einmal kurz die folgende Situation vor:

Du bist mit deiner Familie zum ersten Mal in diesem neuen Restaurant, das so gehypt wird, und auf der Speisekarte stehen unzählige Gerichte. Viele dieser Gerichte haben wohlklingende, aber teilweise nichtssagende Namen und deine Eltern können dir leider auch nicht so richtig helfen, weil sie die Zubereitungsart der Speisen ebenfalls nicht kennen. In diesem Fall kannst du dich eigentlich nur darauf verlassen, dass du selbst weißt, ob du gerne scharf oder mild isst, ob du vegetarisch, vegan oder offen für Fleisch bist, ob du Wert auf gesunde Ernährung legst oder eine Allergie gegen bestimmte Lebensmittel hast.

Mit diesem Wissen kannst du dir dann von der netten Kellnerin Gerichte empfehlen lassen, die zu deinen Vorlieben passen.

So ähnlich kannst du dir deine Entdeckungsreise durch dieses Buch vorstellen. Am Ende wirst du vielleicht (noch) nicht mit 100-prozentiger Sicherheit wissen, ob du Chief Marketing Officer in einem Startup, Holzspielzeugmacher*in, oder KI-Forscher*in werden möchtest. Aber du wirst deinen eigenen inneren Kompass und Nordstern entwickeln, die dir eine für dich stimmige Richtung aufzeigen.

KLIMAKRISE, KRIEG & INFLATION

Das aktuelle Weltgeschehen kann dazu beitragen, dass wir uns wie gelähmt fühlen und uns bei der Beschäftigung mit der eigenen Zukunft die Leichtigkeit fehlt. Warum haben es die vorangegangenen Generationen eigentlich so verbockt? Warum haben sich so wenige für Klimaschutz eingesetzt, obwohl die Notwendigkeit schon seit Jahrzehnten eindeutig ist?

Noch nie gab es seit dem Zweiten Weltkrieg eine so angespannte Sicherheitslage wie jetzt. Noch nie war der Krieg so nah und seine Folgen so unmittelbar spürbar. Selten zuvor war die Inflation so hoch.

All das bedeutet, dass unsere Erwartungshaltung vom „Mehr", also mehr Geld verdienen, mehr besitzen und mehr konsumieren als unsere Eltern, für einen Großteil der jungen Menschen in unserem Land aus den oben genannten Gründen wahrscheinlich revidiert werden muss.

Das ist aus unserer Sicht per se nicht so schlimm, weil wir ein anderes Verständnis von Wachstum haben als die reine Steigerung des Bruttoinlandprodukts. Studien zeigen, dass unser Glück und Wohlbefinden nur bis zu einem bestimmten Punkt mit unserem finanziellen Wohlstand verbunden sind. Sobald wir ein gewisses Jahreseinkommen überschreiten, hat unser Kontostand kaum noch eine Relevanz für unser subjektiv empfundenes Glück. Allerdings können wir unsere persönliche Zufriedenheit mit dem Leben durch unser inneres Wachstum steigern und genau darum geht es in diesem Buch.

SOCIAL MEDIA, PEER PRESSURE & FOMO (FEAR OF MISSING OUT)

Unser Planet existiert seit ca. 4,6 Milliarden Jahren. Im Vergleich dazu haben Social-Media-Plattformen wie TikTok die Lebensspanne eines Wimpernschlags. Wenn wir es so betrachten, dann lebst du schon zu einem ganz besonderen Zeitpunkt auf dieser wunderbaren Erde.

Aber OK, wir packen jetzt auf keinen Fall die Story aus, in der wir erzählen, dass es vor 25 Jahren noch keine Smartphones gab und alle Kinder und Jugendlichen eine unbeschwerte Kindheit ohne exzessive Handynutzung und tausend tägliche Ablenkungsmöglichkeiten in der virtuellen Welt hatten. Eine Kindheit, in der wir kreativ auf der Straße und in der Natur gespielt haben. Eine Zeit, in der wir uns nicht ständig mit unglaublich scheinbar erfolgreichen Menschen in den sozialen Medien vergleichen mussten und das Gefühl hatten, dass alle anderen wissen, was und wohin sie wollen, um uns dann noch einsamer und verlorener zu fühlen.

Zum einen wollen wir diese Story nicht erzählen, weil sie nur in Teilen wahr ist. Auch vor 25 Jahren gab es schon computerspielsüchtige Kinder, die acht Stunden am Tag vor dem Atari oder Gameboy hingen. Auch vor 25 Jahren gab es FOMO und Jugendliche, die am liebsten auf drei Parties gleichzeitig gegangen sind, aus Angst etwas Legendäres zu verpassen. Auch vor 25 Jahren gab es Peer Pressure und junge Menschen, die Alkohol getrunken haben, um dazuzugehören oder einen bestimmten Studiengang gewählt haben, weil 80 Prozent der engsten Freundinnen und Freunde sich genauso entschieden haben. Zum anderen, weil du diese Story bestimmt schon mehr als einmal von deinen Eltern gehört hast. Und die können sie bestimmt viel besser erzählen als wir.

Mit unserem Buch wollen wir dir dabei helfen, dich von den Erwartungen und dem Druck anderer Menschen frei zu machen. Wenn wir uns von den Erwartungen anderer Menschen leiten lassen — und seien sie noch so gut gemeint — dann übertragen wir ihnen in gewisser Weise die Verantwortung für unseren eigenen Lebensweg und unser eigenes Glück. Lasst uns das Leben selbst in die Hand nehmen und mutig unseren eigenen Weg gehen!

Wie kann ich dieses Buch nutzen?

Auch wenn dieses Buch nach Arbeit aussieht: Wir sind hier auf keinen Fall in der Schule :) Das heißt, keiner kontrolliert deine Antworten und es gibt zum Glück auch kein „Richtig“ oder „Falsch“.

Wir haben das Buch bewusst so geschrieben und designt, dass du dir darin Notizen machen und es überall mit hinnehmen kannst. Dieses Buch gehört dir und du allein entscheidest, wie viel Zeit du investierst und mit wem du deine Erkenntnisse teilen möchtest. Du selbst sitzt hier im Driver’s Seat und steuerst deine Reise zu dir selbst.

Es gibt mindestens zwei Möglichkeiten, wie du das Buch nutzen kannst.

Wenn du zu den Personen gehörst, die gerne hier und da in ein Buch reinblättern, querlesen und sich wie bei einem leckeren Buffet die Sahnestücke rauspicken, dann bist du herzlich eingeladen, genau das zu tun. Vielleicht erhältst du so eine entscheidende Inspiration für deinen zukünftigen Weg, z. B. durch ein passendes Zitat oder unsere Impulsfragen.

Wenn du gerne etwas systematischer unterwegs bist und es genießt, wenn sich wie bei einer gut gemachten Serie die Puzzleteile nach und nach zusammenfügen, dann empfehlen wir dir, vorne zu beginnen und hinten aufzuhören. Auch wenn dich die Inhalte so richtig packen sollten (was uns natürlich sehr freuen würde), ist es eher nicht sinnvoll, alles in wenigen Stunden oder Tagen „zu verschlingen". Da das Nachdenken über sich selbst manchmal auch ein wenig anstrengend sein kann, ist es besser, wenn du dir zwischen den einzelnen Kapiteln ein wenig Pause gönnst und deine Gedanken und Erkenntnisse reifen lässt.

Wo wir schon gerade beim Thema Anstrengung sind: An vielen Stellen im Buch schreiben wir, dass dir die Dinge leicht von der Hand gehen dürfen und du in deinen Flow State kommen darfst. Aber manchmal müssen wir uns im positiven Sinne anstrengen, um wirklich als Mensch und Persönlichkeit zu wachsen. Eine Musikerin wird ihr volles Talent nur entfalten können, wenn sie regelmäßig übt — egal, ob sie gerade große Lust dazu verspürt oder nicht. Ein Sportler wird nur Muskelzuwachs verzeichnen, wenn er seine Muskeln gewissen Reizen aussetzt — egal, ob er gerade lieber auf der Coach sitzen und Serien schauen möchte.

Genauso wirst du für dich das meiste aus diesem Buch ziehen, wenn du schwierigen Fragestellungen nicht aus dem Weg gehst, sondern sie als willkommene Herausforderung betrachtest. Wenn du deinen Kreativitätsmuskel einsetzt, bis er zittert und du dranbleibst, bis du in der Tiefe durchdrungen hast, was dich im Kern ausmacht. Wenn du den Mut hast, dich auch mit deinen Schwächen zu beschäftigen und offen mit ihnen umzugehen.

Das macht dich menschlich und unterscheidet dich von künstlicher Intelligenz. Im Wettlauf um Perfektion werden wir Menschen unweigerlich gegen die KI verlieren. Viel besser ist es also, ein Spielfeld zu suchen, das uns erlaubt, Mensch zu sein und zu bleiben. Ein Spielfeld namens „Leben".

Unser Buch heißt: **Werde, wer du bist.** Das klingt ein wenig philosophisch und vielleicht sogar wie ein Spruch, den du aus einem Glückskeks ziehst. Was soll das denn heißen: Werde, wer du bist?

Wir glauben daran, dass jeder Mensch einzigartige Potenziale hat, die er auf diese Welt mitbringt. Aber bei weitem nicht jeder Mensch entfaltet diese Potenziale und setzt sie für sich und andere ein. Wir glauben, dass jeder Mensch einen unverhandelbaren Wert hat. Aber nicht jeder Mensch erkennt diesen Wert für sich und fühlt sich wertvoll. Wir glauben daran, dass jeder Mensch nicht nur über die üblicherweise in der Schule genutzte kognitive Intelligenz, sondern auch über eine emotionale und spirituelle Intelligenz verfügt. Unser Körper, unsere Emotionen und unsere Seele können uns sehr wertvolle und intelligente Rückmeldungen geben, die wir — gerade, wenn wir unsere innere Reise antreten — nutzen sollten.
Unsere Testleser*innen berichten, dass sie unser Buch gerne in Cafés oder Parks, auf Zugfahrten, Kanutouren sowie Bergspitzen und an Strände mitnehmen, um in möglichst inspirierender Atmosphäre die eigene Zukunft zu planen. Einige erzählen sogar, dass sie abends vor dem Schlafengehen noch eine Inspirationsfrage mit in den Schlaf nehmen, um dann am nächsten Morgen um 6 Uhr voller Energie und Lebensfreude aufzuwachen. OK, den letzten Halbsatz haben wir uns ausgedacht, aber er könnte stimmen.

Was erwartet mich in diesem Buch?

Wir hoffen, dass du jetzt die Lust verspürst, mit uns gemeinsam einzusteigen. Damit du weißt, was dich genau in diesem Buch erwartet, kommt hier ein kleiner Überblick über die vier großen Kapitel deiner Reise zu dir selbst:

Eintauchen
Wer bin ich?

Meine Inspirationsquellen
Meine Skills & Stärken
Meine Werte
Meine Bedürfnisse & Motivatoren
Mein Flow

1.

Abtauchen
Was will ich, wirklich?

Meine Essenz
Meine Superpower
Mein Wofür
Meine Message
Meine Vision

2.

Auftauchen
Was steht mir im Weg?

Meine inneren Stimmen
Meine Glaubenssätze
Peer pressure
Externe Erwartungen
Mein innerer Coach

3.

Loslegen & Loslassen
Wie geht's los?

Mein Herzensziel
Mein Mindset
Mein Dojo
Mein Masterplan
Loslassen

4.

Jede einzelne Etappe deiner Reise beginnt mit einer Beschreibung des jeweiligen Bausteins, sodass du sofort erfährst, worum es geht. Danach folgen Inspirationsfragen, bei denen wir dich dort abholen möchten, wo du gerade stehst. Wir laden dich an dieser Stelle immer dazu ein, zunächst alle Fragen zu lesen, um dann deine Antworten auf mindestens drei Fragen, die du besonders wichtig oder spannend findest, zu notieren. Hier kannst du deinen Gedanken freien Lauf lassen, ohne zu sehr in die Bewertung zu gehen.

Als letztes stellen wir dir bei jeder Etappe ein Tool zur Verfügung, das dir dabei hilft, systematisch und kreativ zugleich neue Erkenntnisse über dich und deinen Weg zu gewinnen. Unsere Tools basieren größtenteils auf bewährten Coaching-Methoden, die wir hier in diesem Buch für dich neu designt und auf deine Bedürfnisse zugeschnitten haben. Die Ergebnisse, die du aus diesen Tools ziehst, basieren auf deiner Selbsteinschätzung und natürlich kannst du auch deine Familie, Freunde und Menschen, die dich gut kennen, um ihre Einschätzung bitten.

Eine kleine Warnung: Wir können und möchten durch unser Buch keine wissenschaftlich fundierten diagnostischen Tools und intensive Coachings oder Berufsberatungen ersetzen. Dafür gibt es viele großartige Anbieter da draußen und auch wir bei SouldiveZ bieten verschiedene Formate an.

Wenn du bei deiner Arbeit mit den Tools zu oberflächlich oder schnell bist, dann kann es passieren, dass deine Ergebnisse nur die Spitze des Eisberges repräsentieren, nicht aber das, was dich unter der Wasseroberfläche ausmacht. Es lohnt sich also, ein bisschen Zeit zu investieren und wirklich in die Tiefe zu gehen. Manchmal bedeutet das, nicht direkt der ersten Antwort in dir zu folgen, sondern innezuhalten und wahrzunehmen, was noch zu den Fragen in dir auftaucht. Dafür kann es z. B. hilfreich sein, wenn du dich vor jeder neuen Etappe erdest, indem du drei tiefe Atemzüge nimmst.

Am Ende jedes Kapitels findest du eine sogenannte SouldiveZ-Map, auf der du die zentralen Erkenntnisse der einzelnen Etappen deiner Reise festhalten kannst. So hast du immer alles auf einen Blick und kannst die verschiedenen Bausteine miteinander in Einklang bringen.

Wir wünschen dir eine flowreiche und aufregende Reise zu dir selbst!

Das Souldiver-Manifest

In einer Welt, die sich gefühlt immer schneller dreht und täglich tausend Ablenkungen parat hält, brauchen wir inspirierte, mutige und verantwortungsvolle junge Menschen. Wir brauchen dich, Souldiver. Du bist die Zukunft!

Souldiver ...

- sind mutig und wagen den Sprung ins Ungewisse,
- nehmen ihr Leben selbst in die Hand und gehen ihren eigenen Weg,
- kennen ihre persönlichen Stärken und setzen sie für sich und andere ein,
- lassen sich von ihrem inneren Kompass leiten und folgen ihren Träumen,
- leben ihre Werte und hören auf ihr Herz,
- sind achtsam mit sich selbst, der Umwelt und anderen,
- lernen aus ihren Fehlern und geben nicht auf,
- gestalten die Arbeitswelt der Zukunft (mit),
- werden, wer sie sind!

Worauf wartest du? Wecke den Souldiver in dir!

Planschbecken

OK, Souldiver, wir wollten früher beim Sport auch immer am liebsten gleich loslegen, aber wenn sich selbst LeBron James, einer der erfolgreichsten Basketballer in der Geschichte der NBA, vor dem Spiel aufwärmt, dann scheint etwas dran zu sein.

Also, lass uns einmal für ein kleines Warm-up ins imaginäre Planschbecken steigen, bevor wir richtig eintauchen. Dafür haben wir ein paar Fragen für dich vorbereitet. Lass deinen Gedanken freien Lauf und antworte spontan, locker und intuitiv – der erste Einfall ist meistens auch der passendste.

Wie fühlst du dich jetzt?

Wie möchtest du dich nach der Lektüre dieses Buches fühlen?

Welche Entscheidung möchtest du mithilfe dieses Buches treffen?

Welche guten Gründe findest du, damit du am Ball bleibst? Was wirst du konkret tun, um dich selbst zu motivieren?

Welche Erwartungen hast du an deine Reise?

Platz für Notizen

Tool

Mein Lebensrad

Warum & wofür: Mithilfe dieses Tools verschaffst du dir einen Überblick über deine aktuelle Lebensqualität und Zufriedenheit in den wichtigsten Bereichen deines Lebens.

Das Lebensrad hilft dir zu verstehen, welche Bereiche besonders gut laufen, dir Kraft geben und wohin du deine Aufmerksamkeit und Energie richten möchtest, um hier noch zufriedener zu werden. Oftmals ist die visuelle Darstellung und Gegenüberstellung der Themenbereiche schon erkenntnisbringend.

Es gibt dabei kein Richtig und kein Falsch, sondern einfach nur das, was gerade da ist. Je ausbalancierter und ausgefüllter die einzelnen Bereiche sind, desto mehr stellt sich ein Gefühl des Glücks und der Zufriedenheit ein. Es kann immer nur eine Momentaufnahme sein und wenn du die Übung in einem Jahr wiederholst, sieht dein Rad ziemlich sicher/wahrscheinlich ganz anders aus.

Let's start. Fühle dich in das jeweilige Thema ein und finde für dich heraus, wie zufrieden du in diesem Bereich bist. Läuft alles so, wie du es dir vorstellst, kannst du die gesamte Fläche ausfüllen bzw. einen Strich bei der passenden Zahl einzeichnen (1 = sehr unzufrieden; 10 = sehr zufrieden). Ob bunt, mit Punkten oder einfach nur ein Strich, das entscheidest du.

Wichtig ist nur, dass du für jedes Feld deinen ganz persönlichen Zufriedenheitsgrad festgehalten hast. Zum Schluss werden die einzelnen Felder miteinander zu einem zusammenhängenden Rad verbunden.

Mein Lebensrad

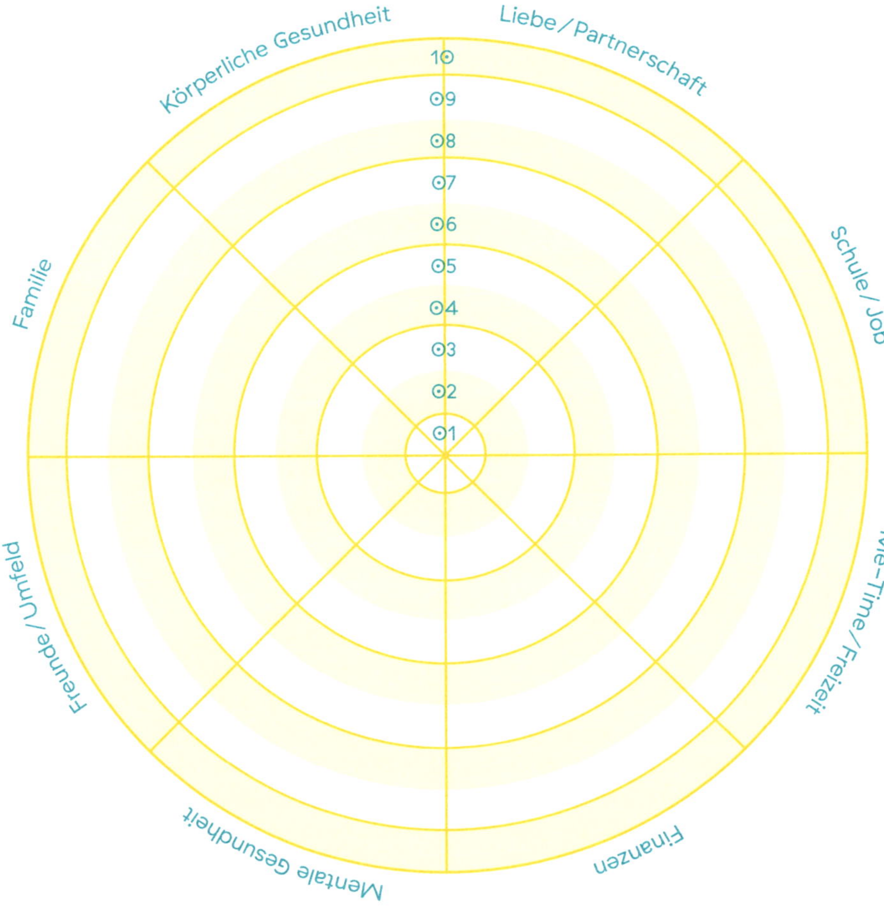

Körperliche Gesundheit
Wie fit fühlst du dich körperlich? Ernährst du dich gesund, achtest du auf deinen Körper und machst du ausreichend Sport?

Mentale Fitness
Wie fit fühlst du dich mental? Sorgst du selbst für dich und kümmerst dich um dein psychisches Wohlbefinden?

Schule / Job
Wie zufrieden bist du in der Schule und/oder deiner Arbeit? Hast du Freude bei dem, was du machst und würdest du dich selbst als erfolgreich dabei bezeichnen?

Liebe / Partnerschaft
Befindest du dich in einer glücklichen Beziehung oder wünschst du dir eine Partnerschaft? Fühlst du dich geliebt und bist du selbst in der Lage, zu lieben?

Familie
Wie gut verstehst du dich mit deiner Familie? Fühlst du dich geborgen und unterstützt und verbringst du ausreichend Zeit mit deiner Familie?

Finanzen
Wie ist es um deine Finanzen bestellt? Bist du zufrieden mit dem, was du hast oder brauchst du mehr, um ein sorgenfreies Leben zu führen?

Me-Time / Freizeit
Nimmst du dir ausreichend Zeit für dich selbst und hast du bereichernde Hobbies? Kannst du deine Freizeit nutzen, um neue Kraft und Energie zu tanken?

Freunde / Umfeld
Wie zufrieden und ausgeglichen bist du in deinen Freundschaften? Hast du ein Umfeld, das dich unterstützt und wertschätzt?

Gratulation! Das ist dein aktuelles Lebensrad — die Ist-Situation, das Hier & Heute. Im nächsten Schritt kannst du dir Bereiche aussuchen, auf die du deinen Fokus legen möchtest, um hier noch mehr in die Balance und Fülle zu kommen. Fällt dir spontan schon etwas ein, was du konkret tun könntest, um in einem dieser Bereiche mehr Zufriedenheit zu erreichen?

Eintauchen

Wir lieben die Vielfalt, die Tiefe und die Kraft des Wassers — ob bildlich oder ganz wörtlich — das Wasser in all seinen Formen lädt uns dazu ein, einzutauchen.

Schließe für einen Moment deine Augen, starte das Kopfkino und schaue, welches Gewässer vor deinem inneren Auge auftaucht. Ganz spontan und intuitiv — wo würdest du gerade am liebsten eintauchen? Welches Bild passt für dich — im Hier und Jetzt?

Ist es das warme, ruhige Mittelmeer oder doch der kalte, wilde Atlantik? Siehst du vor dir einen spiegelglatten See, in dem sich die Landschaft akkurat spiegelt oder einen stillen Bach, der sich seinen Weg durch die Berge bis zum See bahnt? Stürmt es, ist es still, oder siehst du gerade den Regenbogen nach einem heftigen Sommerregen?

Nimm dieses innere Bild mit auf deine Reise durch unser Buch, die jetzt so richtig startet.

In diesem ersten Kapitel wirst du herausfinden, ...

- was dir Freude macht und was dich inspiriert
- was du kannst und was dir Energie gibt
- was dir wichtig ist und wofür du stehst
- was du brauchst und was dich motiviert
- was dich erfüllt und glücklich macht.

Bist du bereit, den Souldiver in dir zu wecken und voller Neugier auf das, was dich hier erwartet, den Sprung ins Ungewisse zu wagen?

„Erfolg heißt, sich selbst zu mögen, zu mögen, was man tut, und zu mögen, wie man es tut.“

Maya Angelou

Meine Passionen & Inspirationsquellen

Was mir Freude macht & was mich inspiriert

Deine **Passionen** sind die Tätigkeiten und Dinge in deinem Leben, die dir Freude bereiten und dich lebendig fühlen lassen. Es gibt dir Energie, diesen Tätigkeiten nachzugehen und du musst keine große Kraft aufwenden, um dich ihnen zu widmen.

Manchmal ist es gar nicht so einfach, die eigenen Leidenschaften klar zu benennen oder gar welche zu finden. Oftmals sind die Dinge, die uns am meisten Freude bereiten und in den Flow bringen, für uns so selbstverständlich, dass wir sie übersehen. Es kann auch passieren, dass unsere Interessen und Passionen in Vergessenheit geraten, weil unsere Aufmerksamkeit gerade anderen Themen gilt oder wir zu beschäftigt damit sind, unsere ToDo-Listen abzuhaken.

Deine **Inspirationsquellen** sind die Menschen, Orte und Dinge, die dich kreativ und ideenreich werden lassen. Wenn du dich mit inspirierenden Menschen umgibst oder dich an kraftspendenden Orten aufhältst, dann wirst du merken, wie du dich unmittelbar besser fühlst und dein Energielevel steigt. Mit diesen positiven Gedanken und Gefühlen kannst du neue Dinge erschaffen und tun, die dein Leben bereichern.

Eine grundsätzliche Frage, die uns immer wieder gestellt wird, ist: Soll ich meine Passion zum Beruf machen? Die Antwort darauf ist ein klares Jein! Während es für einige Menschen sehr erfüllend sein kann, mit ihrer Passion Geld zu verdienen, kann es bei anderen passieren, dass ihnen nach einer Weile die ursprünglich empfundene Leichtigkeit und Freude abhanden kommt. Wichtig ist aus unserer Sicht nur, dass deine Leidenschaften auf jeden Fall einen Platz in deinem Leben haben — egal, ob beruflich oder privat.

Inspirationsfragen

Meine Passionen & Inspirationsquellen

Bitte suche dir 3 Inspirationsfragen aus und finde heraus, wofür du brennst und was dich inspiriert.

- Wann fühle ich mich so richtig lebendig?
- Welche Tätigkeiten bereiten mir große Freude? Was gefällt mir dabei besonders?
- Was berührt mich?
- Was lässt mein Herz höherschlagen?
- Was bringt meine Augen zum Leuchten?
- Was ist mein Lieblingsfach in der Schule und warum?
- Was ist mein Lieblingshobby und warum?
- Wer ist die Heldin/der Held meiner Kindheit?
- Welche Menschen inspirieren mich? Was genau fasziniert mich an diesen Menschen?
- Welche Bücher, Filme, Musik oder Serien inspirieren mich?
- Welche Orte geben mir Kraft? An welchen Orten fühle ich mich inspiriert?
- Wie viel Zeit widme ich meinen Leidenschaften?

Hier hast du Platz für deine Antworten und Gedanken.

Tool

Die Spaß-Chronik

Warum & wofür: Mithilfe dieses Tools findest du heraus, welche Dinge du schon immer mit Leidenschaft getan hast. Daraus kannst du ableiten, was dich mit großer Wahrscheinlichkeit auch in Zukunft erfüllen wird.

Bei der Spaß-Chronik liegt der Fokus auf den Aktivitäten, die dich durch deine Kindheit begleitet haben. Was hast du in der jeweiligen Phase deines Lebens gern gemacht? Geh gedanklich zurück, schließe die Augen und schau, was dir wieder einfällt. Was waren meine Lieblingsspiele, -geschichten, -bücher, -figuren, -lieder, - filme etc.? Mit wem und wo hatte ich am meisten Spaß?

Let's start. Sammle deine **Assoziationen stichpunktartig** in der zweiten Spalte. Wenn du alle Lebensabschnitte durchlaufen hast, schau dir deine Stichpunkte an und frage dich: Warum haben mich genau diese Dinge begeistert? Wie habe ich mich dabei gefühlt? Bitte notiere deine Antworten zu diesen Fragen in der rechten Spalte.

Im Hier und Jetzt wieder angekommen, kannst du dir die rechte Spalte nochmals anschauen. Fällt dir etwas auf? Wiederholen sich vielleicht Antworten über die Phasen hinweg? Waren es schon immer dieselben Leidenschaften oder haben sie sich im Laufe deines Lebens gewandelt? Vielleicht zaubern dir frühere Hobbies ein Lächeln ins Gesicht und du verspürst Lust, sie wieder aufzunehmen?

Lebensphase	Lieblingsbeschäftigungen	Warum haben mich diese Dinge begeistert?
Kita (3—6 Jahre)		
Grundschule (6—10 Jahre)		
Weiterführende Schule (10—16 Jahre)		
Oberstufe (16—heute)		

„Nutze die Talente, die du hast! Die Wälder wären still, wenn nur die begabten Vögel sängen."

Henry van Dyke

Meine Skills & Stärken

Was ich kann & was mir Energie gibt

Nicht nur in der Schule, sondern in allen Bereichen unseres Lebens lernen wir täglich neue Dinge, auch wenn wir uns dessen nicht immer bewusst sind. Wir können eigentlich nicht nicht lernen. Da die Halbwertszeit unseres Wissens durch den technologischen Fortschritt immer kürzer wird und sich Berufsbilder ständig verändern, ist lebenslanges Lernen wichtiger als je zuvor. Wir können uns nicht mehr darauf verlassen, dass uns das, was wir in der Schule, an der Uni oder in einer Ausbildung lernen, auf den Rest unseres Lebens vorbereitet. Wir brauchen ein Skillset, das uns in die Lage versetzt, die neue Arbeitswelt in unserem Sinne zu gestalten.

Skills sind Fähigkeiten, die wir gezielt erlernen können. Manchmal bringen wir ein angeborenes Talent mit und es fällt uns leicht, neue Skills zu erwerben. In anderen Bereichen müssen wir uns sehr anstrengen und merken, dass uns die Leichtigkeit fehlt. Wir können alle lernen, wie man eine gute PowerPoint-Präsentation erstellt oder mit 10 Fingern auf der Tastatur schreibt. Wenn wir ein gewisses Level an Meisterschaft erlangt haben, dann wirkt es für andere Menschen so, als ob uns diese Tätigkeiten sehr leicht von der Hand gingen und sie sehen die dahinter liegende Anstrengung nicht.

Im Vergleich zu Skills sind deine **Stärken** die Dinge, die du gut kannst, gerne tust und die dir Energie geben. Das ist eine wichtige Unterscheidung, da die Gefahr besteht, auszubrennen, wenn wir immer nur das tun, was wir zwar gut können, aber ohne Freude machen.

Wenn wir also herausfinden, worin wir gut sind und was uns gleichzeitig Energie gibt, dann kennen wir unsere wahren Stärken und sind in der Lage, entspannt unsere Bestleistung zu bringen.

Inspirationsfragen

Meine Skills & Stärken

Bitte suche dir 3 Inspirationsfragen aus und finde heraus, was du kannst und was dir Energie gibt.

- Was kann ich richtig gut?
- Was mache ich gerne und was gibt mir Energie?
- Was sind die Dinge, die ich zwar gut kann, die mich aber nicht unbedingt erfüllen?
- Wo habe ich ein angeborenes Talent?
- Welche besonderen Begabungen sehen meine Eltern, Lehrer*innen oder meine Freunde in mir?
- Was geht mir absolut mühelos von der Hand und läuft scheinbar wie von selbst?
- Bei welchen Aktivitäten fühle ich mich so richtig wohl?
- Wann kann ich meine Stärken gut einbringen?
- In welchen Bereichen habe ich mich in den vergangenen Jahren am meisten weiterentwickelt?
- Wann bin ich nach einer Anstrengung sogar richtig erfüllt und nehme sie gerne auf mich?

Hier hast du Platz für deine Antworten und Gedanken.

Tool

Mein Traumjob

Warum & wofür: Mit diesem Tool wirst du dir deiner persönlichen Stärken und Skills bewusst und reflektierst, wie du sie in deinem Traumjob einsetzen kannst.

Früher haben Unternehmen und Organisationen Stellenanzeigen in Zeitungen veröffentlicht. Mittlerweile gibt es große Jobportale im Internet und Menschen finden neue Jobs auf Plattformen wie LinkedIn oder Xing. In Stellenausschreibungen können wir sehr häufig neben der Beschreibung der Tätigkeit und der Rahmenbedingungen lesen, welche Skills eine Bewerber*in mitbringen muss, um der perfekte „Match“ für den Job zu sein. Häufig wird dann eine Auswahl der folgenden Skills aufgelistet:

Analysefähigkeit, Digitalkompetenz, Durchsetzungsvermögen, Eigeninitiative, emotionale Intelligenz, Empathie, Entscheidungsfähigkeit, Ideengenerierung, Innovation, interkulturelle Kompetenz, Kommunikation, Kollaboration, Konfliktfähigkeit, Kreativität, Kundenorientierung, Leadership, Methodenkompetenz, Netzwerken, Problemlösungskompetenz, Reflexionsvermögen, Selbstdisziplin, Selbstorganisation, selbstständiges Denken, sicheres Auftreten, soziale Intelligenz, Teamfähigkeit, Überzeugungsvermögen, Veränderungskompetenz, Zielstrebigkeit

Lass uns einmal „verkehrte Welt“ spielen. Stell dir für einen Moment vor, dein **Traumjob bewirbt sich bei dir** und er will nur dich. Dein Traumjob hat dich seit deiner frühsten Kindheit genau beobachtet, er weiß, was deine angeborenen Talente sind, was dir leicht fällt, was du richtig gut kannst, was du dir angeeignet hast, an welchen Herausforderungen du gewachsen bist und vor allem, welche Tätigkeiten dir Freude bereiten und Energie geben.

Hey Souldiver,

für eine Festanstellung im Zeitumfang und zum Gehalt deiner Wahl suche ich dich, ja, genau dich!
Es ist mir nicht wichtig, wie alt du bist, wie du aussiehst, wo du herkommst, wie du heißt und welche Noten du in der Schule hattest.

Aber du solltest unbedingt folgende Skills & Stärken mitbringen:

Richtig gut wäre, wenn du das hier auch noch könntest:

Ich freue mich auf deine aussagekräftige Bewerbung!

Dein Traumjob

„Bevor wir wissen, was wir tun, müssen wir wissen, was wir denken.“

Joseph Beuys

Meine Werte

Was mir wichtig ist & wofür ich stehe

Deine **Werte** prägen dein Denken und Handeln. Sie dienen dir als Kompass bei wichtigen Lebensentscheidungen und sie begründen deine Ideale. Häufig sind wir uns unserer Werte gar nicht bewusst. Wir übernehmen die Werte unserer Eltern, unserer Vorbilder und unserer Freunde. Wir orientieren uns an gesellschaftlichen Normen und Vorstellungen und denken nicht unbedingt darüber nach, ob das wirklich unsere eigenen Werte sind oder ob wir sie leben, weil wir dazugehören wollen. Erst später merken wir dann möglicherweise, dass wir Entscheidungen getroffen haben, die eigentlich gar nicht richtig zu uns passen und die nicht das widerspiegeln, wofür wir einstehen wollen.

Du bist jetzt an einem Punkt in deinem Leben angekommen, an dem du selbst entscheiden kannst, welche Werte dich leiten sollen. Wenn du ein wertebasiertes Leben führst, ist es fast unmöglich, unglücklich zu sein. Selbst wenn dein Tag richtig mies war, du in einen Hundehaufen getreten bist und dein Fahrrad geklaut wurde: Solange du deine Werte gelebt hast, kannst du abends immer mit einem guten Gefühl in den Spiegel schauen.

Unsere Werte können uns auch dabei helfen, größer und außerhalb bestehender Muster zu denken. Zum Beispiel möchten viele junge Menschen, für die der Wert *Gerechtigkeit* eine zentrale Rolle spielt, Jura studieren. Nicht immer passt dieses herausfordernde Studium jedoch zu den persönlichen Neigungen, Stärken und Motivatoren. Und manchmal scheitern wir mit unserem Notenbild auch am Numerus Clausus. Daher kann die folgende Frage sehr horizonterweiternd sein: Welcher (andere) Studiengang und welches (andere) Berufsbild ermöglichen es mir, meinen Wert *Gerechtigkeit* zu leben? So können wir uns mit ein wenig Kreativität unser Leben lang neue Wege erschließen.

Inspirationsfragen

Meine Werte

Bitte suche dir 3 Inspirationsfragen aus und finde heraus, was dir wichtig ist und wofür du stehst.

- Was besitzt für mich in meinem Leben den größten Wert?
- Wofür würde ich auf die Straße gehen, um zu demonstrieren?
- Gegen welche meiner Werte müsste eine Person verstoßen, damit ich ihr die Freundschaft kündige?
- Welche Werte haben mir meine Eltern vermittelt? Sind es die Werte, die auch in Zukunft mein Denken und Handeln prägen sollen?
- Für welche Werte stehen die Menschen ein, die ich am meisten bewundere?
- Welche Werte würde ich meinen Kindern vermitteln?
- Wann ist für mich eine Erfahrung besonders wertvoll?
- Welche Werte haben für mich bei größeren Entscheidungen bisher eine Rolle gespielt?

Hier hast du Platz für deine Antworten und Gedanken.

Tool

Mein Wertekompass

Warum & wofür: Mit dem Wertekompass definierst du deine Top-5-Werte, um auf dieser Grundlage für dich stimmige Entscheidungen treffen zu können.

Es geht nun darum, dass du für dich die fünf zentralen Werte findest, die dir als Grundlage für wichtige Lebensentscheidungen dienen können. Spüre dabei in dich hinein und frage dich, welche Werte du mit ganzem Herzen fühlst. Du kannst dabei die Werte in der Inspirationsbox durchgehen (die keinen Anspruch auf Vollständigkeit erhebt) und in einem ersten Schritt die Werte umkreisen, zu denen du dich besonders stark hingezogen fühlst.

Überlege dann in einem zweiten Schritt, welche Werte für dich wirklich ganz oben stehen sollen. Du kannst dich z.B. fragen: Ist mir Wert A oder Wert B wichtiger, Wert B oder Wert C ...? Nimm dir dafür bitte Zeit und gehe in die Tiefe. Wir haben die Erfahrung gemacht, dass viele Menschen zunächst z.B. Werte wie Verlässlichkeit oder Loyalität in ihre Top 5 aufnehmen, obwohl Werte wie Liebe oder Gesundheit eigentlich einen viel größeren Einfluss auf ihr Fühlen und Denken haben.

Frage dich auch: Was ist meine persönliche Definition von diesem Wert? Es ist nämlich so, dass wir ganz unterschiedliche Vorstellungen davon haben können, was z.B. Freiheit oder Gesundheit oder Freundschaft für uns bedeuten. Es gibt hier kein Richtig oder Falsch, für deinen eigenen Werte-Kompass legst nur du die Bedeutungen fest.

Mach dir gleichzeitig keinen Stress, denn unsere Werte können sich verändern. Wir machen neue Erfahrungen, wir entwickeln uns persönlich weiter und dadurch blicken wir auch anders auf die Welt.

Mit diesen Werten identifiziere ich mich am meisten:

1. ______________________

2. ______________________

3. ______________________

4. ______________________

5. ______________________

Herzlichen Glückwunsch!
Du hast dir deinen eigenen Werte-Kompass gebaut. Du kannst dich jetzt z. B. am Ende eines Tages fragen: Habe ich heute meine Werte gelebt? Wenn du es geschafft hast, kannst du dir auf die Schulter klopfen. Wenn du merkst, es ist noch Luft nach oben, kannst du dich einfach fragen: Was möchte ich morgen anders machen?

Beispielwerte

- Hilfsbereitschaft
- Bescheidenheit
- Dankbarkeit
- Güte
- Verbundenheit
- Kreativität
- Beständigkeit
- Freiheit
- Geduld
- Respekt
- Spaß
- Vollkommenheit
- Offenheit
- Toleranz
- Engagement
- Spiritualität
- Liebe
- Authentizität
- Gemeinschaftssinn
- Anpassungsfähigkeit
- Gesundheit
- Verantwortlichkeit
- Integrität
- Geborgenheit
- Treue
- Ehrlichkeit
- Harmonie
- Autonomie
- Freundschaft
- Familie
- Loyalität
- Freundlichkeit
- Vertrauen
- Sicherheit

„Wem genug zu wenig ist, dem ist nichts genug.“

Epikur

Meine Bedürfnisse & Motivatoren

Was ich brauche & was mich antreibt

Deine **Bedürfnisse** und **Motivatoren** definieren, was du im Leben brauchst und suchst. Sie fungieren als Treiber und motivieren dich, deine Ziele zu erreichen. Sie können bewusst oder unbewusst sein. Dabei sind deine Gefühle gute Wegweiser dafür, wie es um die Erfüllung deiner **Bedürfnisse** steht. Wenn du dich gut fühlst, liegt es meistens daran, dass deine Bedürfnisse erfüllt sind. Wenn du unangenehme Gefühle wie Wut, Trauer oder Frustration spürst, liegt es häufig daran, dass deine Bedürfnisse nicht erfüllt sind. Es kann z. B. sein, dass du traurig bist, weil du aus einer Gruppe ausgegrenzt wirst und dein Bedürfnis nach Anschluss und Zugehörigkeit nicht erfüllt ist.

Manchmal können unsere **Motivatoren** so stark ausgeprägt sein, dass sie unsere Werte überlagern. Ein Klassiker ist, dass unser Drang, Leistung zu zeigen, unseren Wert *Gesundheit* überstrahlt. Wir lernen oder trainieren bis zur Erschöpfung und hören nicht auf die Signale unseres Körpers, weil wir unbedingt eine gute Note schreiben oder das Spiel gewinnen wollen. Vielleicht tun wir das, weil wir verinnerlicht haben, dass Leistung mit Anerkennung oder sogar Liebe verbunden ist. Dabei dürfen wir uns immer wieder daran erinnern, dass das Leben kein Sprint, sondern eher ein Langstreckenlauf ist.

Wenn du darauf achtest, dass du Dinge tust, bei denen deine Werte, Bedürfnisse und Motivatoren im Einklang miteinander sind, wirst du dich ausgeglichen fühlen und gleichzeitig langfristig erfolgreich sein.

Inspirationsfragen

Meine Bedürfnisse & Motivatoren

Bitte suche dir 3 Inspirationsfragen aus und finde heraus, was du brauchst und was dich antreibt.

- Was treibt mich innerlich an, morgens aufzustehen?
- Wie fühle ich mich, wenn meine Bedürfnisse (z. B. Freiheit, Autonomie, Zuwendung, Sicherheit, Selbstwirksamkeit) erfüllt sind?
- Wie fühle ich mich, wenn meine Bedürfnisse nicht erfüllt sind?
- Was motiviert mich am meisten, wenn ich an meine Ziele denke?
- In welchen Situationen entwickle ich einen besonderen Ehrgeiz?
- Wann bin ich schon einmal über meine Grenzen gegangen? Wie hat sich das für mich angefühlt?
- Wie gelingt es mir, mich für Dinge zu motivieren, auf die ich eigentlich keine Lust habe?
- In welchem Bereich meines Lebens stehen meine Bedürfnisse und meine Werte in einem harmonischen Einklang?
- Wo überlagern meine Motivatoren meine Werte (z. B. *Leistung* vs. *Gesundheit*)?

Hier hast du Platz für deine Antworten und Gedanken.

Tool

Need Finder

Warum & wofür: Mit diesem Tool wirst du dir der Ausprägung deiner Bedürfnisse und Motivatoren bewusst. Das hilft dir dabei, Dinge zu tun, die gut zu dir passen.

Grundsätzlich kennen alle Menschen die gleichen Bedürfnisse und Motivatoren, allerdings sind sie bei jeder Person unterschiedlich stark ausgeprägt. Mithilfe unseres Tools kannst du selbst einschätzen, wie stark ausgeprägt die verschiedenen Bedürfnisse und Motivatoren bei dir persönlich sind. Versuche dabei, vollkommen ehrlich zu dir selbst zu sein und dich von allen Ansprüchen und Erwartungen, die von außen kommen, freizumachen. Dadurch wirst du einen guten Überblick darüber erhalten, welche Bedürfnisse für dich in deinem zukünftigen Arbeitsumfeld erfüllt sein sollten. Wenn dir z. B. Anschluss sehr wichtig ist, solltest du bei der Wahl deines Jobs darauf achten, dass du die Möglichkeit hast, mit anderen im Team zusammenzuarbeiten.

Wie wichtig ist es dir, soziale Beziehungen und den Kontakt zu anderen Menschen zu pflegen? (Anschluss)

1 — 2 — 3 — 4 — 5 — 6 — 7 — 8 — 9 — 10

Wie wichtig ist es dir, Einfluss auszuüben und deine Vorstellungen und Ziele verwirklichen zu können? (Macht)

1 — 2 — 3 — 4 — 5 — 6 — 7 — 8 — 9 — 10

Wie wichtig ist es dir, Leistung zeigen zu können und Dinge zu tun, in denen du gut bist? (Leistung)

1 — 2 — 3 — 4 — 5 — 6 — 7 — 8 — 9 — 10

Wie wichtig ist es dir, sinnvolle Dinge zu tun, die mit deinen persönlichen Wertvorstellungen übereinstimmen? (Sinnorientierung)

1 — 2 — 3 — 4 — 5 — 6 — 7 — 8 — 9 — 10

Wie wichtig ist dir eine angenehme Atmosphäre, die deinen ästhetischen und zwischenmenschlichen Bedürfnissen entspricht? (Atmosphäre)

1 — 2 — 3 — 4 — 5 — 6 — 7 — 8 — 9 — 10

Wie wichtig ist es dir, Freiräume zu haben und selbst über dich und deine Zeit entscheiden zu können? (Autonomie)

1 — 2 — 3 — 4 — 5 — 6 — 7 — 8 — 9 — 10

Wie wichtig ist dir dein sozialer Status und dein Prestige? (Status)

1 — 2 — 3 — 4 — 5 — 6 — 7 — 8 — 9 — 10

Wie wichtig ist dir der Besitz von materiellen Dingen, die du nicht unbedingt zum Leben brauchst? (Besitz)

1 — 2 — 3 — 4 — 5 — 6 — 7 — 8 — 9 — 10

Priorisiere deine Bedürfnisse und Motivatoren (Anschluss, Macht, Leistung, Sinnorientierung, Atmosphäre, Autonomie, Status, Besitz) nach ihrer Wichtigkeit. Das hilft dir bei Entscheidungen, die für dich stimmigen Prioritäten zu setzen.

1. ______________________________

2. ______________________________

3. ______________________________

4. ______________________________

5. ______________________________

„Als Kind ist jeder ein Künstler. Die Schwierigkeit liegt darin, als Erwachsener einer zu bleiben.“

Pablo Picasso

Mein Flow

Was mich erfüllt & glücklich macht

Im **Flow** sind wir ganz im Hier und Jetzt und vergessen Zeit und Raum. Wir verschmelzen mit unserer Tätigkeit und brauchen keine externe Belohnung, um uns zu motivieren. Wir haben ein klares Ziel vor Augen und sind mit Dingen beschäftigt, die zu uns passen. Unsere Werte und Bedürfnisse sind miteinander im Einklang und wir können in kurzen Zeitspannen sehr produktiv sein. Je mehr Flow-Momente wir in unserem Leben schaffen, umso glücklicher und erfüllter sind wir.

Viele Menschen weltweit denken, dass es ihnen nicht vergönnt sei, Flow bei der Arbeit zu erfahren. Flow-Erfahrungen dürfen im Privatleben, im Sport, beim Spielen, beim Sex auftreten, aber Lernen und Arbeit sind anstrengend und dienen dem Broterwerb.

Wir — und führende Glückspsycholog*innen — denken anders darüber. Je mehr Flow wir bei unserer Arbeit erleben und bewusst planen, umso produktiver, erfolgreicher und erfüllter sind wir in unserem Job. Es lohnt sich also nicht nur für unsere ganz persönliche Glücksbilanz, sondern auch für Unternehmen und Organisationen, sich mit dem Thema Flow zu beschäftigen. Angesichts der Tatsache, dass laut aktuellen Studien viele Arbeitnehmende in Deutschland unzufrieden in ihrem Job sind und bereits innerlich gekündigt haben, sogar noch mehr.

Also, let's go for flow!

Inspirationsfragen

Mein Flow

Bitte suche dir 3 Inspirationsfragen aus und finde heraus, was dich erfüllt und glücklich macht.

- Bei welcher Tätigkeit vergesse ich Zeit und Raum?
- Bei welcher Tätigkeit bin ich intrinsisch motiviert, d.h. wann brauche ich keine Belohnung oder angedrohte Strafe, um etwas zu machen?
- Was macht mir richtig viel Spaß und gibt mir Kraft?
- Bei welcher Tätigkeit laufe ich zu meiner persönlichen Bestform auf?
- Welche Tätigkeit empfinde ich als sehr erfüllend? Welche Tätigkeit hat mich in der Vergangenheit glücklich gemacht?
- Wenn ich erfahren würde, dass ich nur noch für kurze Zeit auf dieser Erde verweilen dürfte: Welcher Tätigkeit würde ich nachgehen?
- Bei welcher Aktivität habe ich das Gefühl, dass ich voll und ganz ich selbst sein kann?
- Bei welchen Tätigkeiten sind meine Werte und Bedürfnisse im Einklang?
- Gibt es Dinge, die all meine Flow-Aktivitäten gemeinsam haben?

Hier hast du Platz für deine Antworten und Gedanken.

Tool

Flow Tube

Warum & wofür: Mithilfe dieses Tools machst du dir bewusst, was dich in deinen Flow bringt.

Ab und zu erleben wir diese fast magischen Flow-Momente, in denen uns alles ganz mühelos von der Hand geht und wir voller Freude im Hier und Jetzt mit einer Tätigkeit verschmelzen.

Wir glauben jedoch fest daran, dass Flow sogar auf eine gewisse Art und Weise planbar ist. Der Punkt, an dem sich unsere Bedürfnisse, Stärken, Werte und Passionen treffen, ist der sogenannte **Sweet Spot**. Versuche einmal, auf der Grundlage deiner bisherigen Erkenntnisse diesen Sweet Spot für dich zu finden.

Und wenn du ihn gefunden hast: Hol mehr davon in dein Leben!

Bedürfnisse

-
-
-
-
-

Stärken

-
-
-
-
-

Ich bin im Flow, wenn ...

-
-
-
-
-

Passionen

-
-
-
-
-

Werte

-
-
-
-
-

Zusammenfassung Eintauchen

Mein Flow

Was mich erfüllt & glücklich macht

Meine Werte

Was mir wichtig ist & wofür ich stehe

Meine Bedürfnisse & Motivatoren

Was ich brauche & was mich antreibt

Meine Skills & Stärken

Was ich kann & was mir Energie gibt

Meine Passionen & Inspirations-quellen

Wofür ich brenne & was mich inspiriert

Abtauchen

Im ersten Kapitel hast du schon viel über dich selbst erfahren. Jetzt hast du die Möglichkeit, diese Erkenntnisse mitzunehmen und in die Tiefe abzutauchen. Dort wirst du für dich wertvolle Schätze finden, die dir dabei helfen werden, deine Zukunft zu gestalten.

Du wirst herausfinden ...

- was dich im Kern ausmacht
- was du der Welt zu geben hast
- was dein Beitrag für andere Menschen ist
- was deine ganz persönliche Botschaft an dich und die Welt ist
- was du wirklich, wirklich willst.

Schön wäre es natürlich, wenn es dir jemand einfach sagen könnte oder du einen Brief in der Post mit der Überschrift „Dein Zukunftsweg“ erhalten würdest. Doch den für uns stimmigen und motivierenden Weg können wir nur ganz alleine finden.

WAS SAGT MIR MEIN BAUCHGEFÜHL?

Umso mehr laden wir dich ein, nun ganz für dich abzutauchen und im Inneren Antworten zu suchen. Und das nicht nur durch deine mentale Kraft — durch die Fragen und Aufgaben, die wir dir hier zum Reflektieren geben —, sondern auch durch dein Gefühl (deine Intuition) und dein Gespür (deinen Instinkt).

TIEFGANG ZU DIR SELBST

Horche in dich hinein und vertraue darauf, dass alle Antworten bereits in dir liegen. Im ersten Kapitel hast du schon so viel entdeckt. Tauche nun tief ab, berühre den Meeresboden und wische den Sand weg, um freizulegen, was dich wirklich im Kern ausmacht und was du der Welt zu geben hast. Lass uns in der Tiefe forschen, welche Zukunft du für dich gestalten möchtest.

„Sich selbst zu kennen ist der Anfang aller Weisheit.“

Aristoteles

Meine Essenz

Was mich im Kern ausmacht

Bei deiner **Essenz** geht es um eine bestimmte Qualität, die deinen Wesenskern beschreibt und die du von Geburt an in dir trägst. Wenn du dich verbunden mit dir selbst fühlst, dann lebst du im Einklang mit deiner Essenz. In diesem Seinszustand fließen die besten Ideen, die besten Entscheidungen und die stimmigsten Antworten — hier triffst du für dich die beste Wahl.

Deine Essenz ist nicht zu verwechseln mit einer deiner größten Stärken oder einem deiner wichtigsten Werte, welche du bereits für dich herausgearbeitet hast. Sie können dir allerdings bei der Beschreibung deiner Essenz als Orientierungshilfe dienen.

Sobald du deine Essenz explizit benennen kannst, schaffst du dir die Möglichkeit, dich immer wieder mit deinem Wesenskern zu verbinden und bringst dich dabei in ein Gefühl der Balance. Das Bewusstmachen deiner Essenz macht dich zudem unabhängiger von äußeren Faktoren, beispielsweise dem Leistungsdruck oder den Erwartungen anderer. Plötzlich darf ein Raum entstehen für die Frage: Wer bin ich und passt das, was von außen von mir erwartet wird, wirklich zu mir?

Am Ende des Lebens zählen die Momente auf unserem Weg, in denen wir im Einklang mit uns selbst waren und entsprechend unserer Essenz gelebt haben. Also lass uns abtauchen und deinen Wesenskern, deine Essenz, entdecken.

Inspirationsfragen

Meine Essenz

Bitte suche dir 3 Inspirationsfragen aus und finde heraus, was dich im Kern ausmacht.

- Was macht mich im Kern aus?
- Welche Kraft in mir ermöglicht es mir, mich so zu zeigen, wie ich bin?
- Wie beschreibe ich mein glückliches Sein am besten?
- Wenn ich drei Freund*innen bitten würde, mich in einem Wort zu beschreiben, was würden sie sagen?
- Wenn ich einen Raum betrete und noch nichts gesagt habe, welche wesentliche Qualität sieht mein Gegenüber in mir?
- Habe ich ein Lebensthema, das mich begleitet?
- Wann spüre ich, dass mein Herz Sprünge macht?
- Wann fühle ich mich echt und lebendig?
- Welches Thema bzw. welches Attribut umgibt und begleitet mich stets?
- Wobei sind sich alle einig, die mich und mein Wesen beschreiben?
- Wann fühle ich mich mit mir selbst verbunden?

Hier hast du Platz für deine Antworten und Gedanken.

Tool

Back to my Roots

Warum & wofür: Mit diesem Tool verbindest du dich mit deinem wahren Kern und wirst dir deiner Essenz bewusst.

Du kennst bereits deine Werte, die du bewusst als Wegweiser im Leben nutzen kannst — so auch jetzt bei der Suche nach deiner Essenz. Oftmals sind es ähnliche oder verwandte Themen, die sich wie ein roter Faden durch dein Leben ziehen. Denn sowohl deine Werte als auch deine Essenz sind untrennbar mit dir verbunden.

Als Erinnerungsstütze kannst du dir hier noch einmal deine wichtigsten Werte aufschreiben (siehe Kapitel „Eintauchen“):

INSPIRATIONSBOX

optimistisch, leidenschaftlich, empathisch, sozial, kommunikativ, idealistisch, wissbegierig, emotional

Visionär*in, Macher*in, Friedensstifter*in, Forscher*in, Helfer*in, Vermittler*in, Reformer*in

Flow, Neugierde, Natur, Lebensfreude, Freiheit, Genuss, Energie, Gesundheit, Verbundenheit, Respekt, Offenheit, Unabhängigkeit, Kreativität, Optimismus, Glück, Mitgefühl, Freundlichkeit, Spontaneität, Treue, Spaß

Um deiner Essenz noch näher zu kommen, kannst du die Begriffe aus dieser Inspirationsbox nutzen. Lies sie dir langsam durch und beobachte, welche dir davon am besten gefallen. Umkreise diese und dann leg den Stift einmal zur Seite.

Tipp: Um unsere Entscheidungen, Ideen und Gedanken zu überprüfen, gibt es einige simple, aber sehr effektive Methoden, z.B. die **achtsame Innenschau**: Dazu setzt du dich aufrecht hin, stellst beide Füße fest auf den Boden, schließt die Augen und atmest ein paar Mal tief ein und aus. Wenn sich deine Gedanken ein wenig beruhigt haben, frage dich in Stille: Was ist mein wahrer Kern? Was macht mich so wirklich aus? Was ist, war und bleibt meine ganz persönliche Essenz?

Sicherlich werden dir einige Begriffe, die du gerade gelesen hast, wieder einfallen und vielleicht kommen spontan neue dazu. Lass sie einfach auf dich wirken und behalte das, womit du dich jetzt gerade am wohlsten fühlst.

Formuliere anschließend deinen ganz persönlichen Essenz-Satz:

Ich bin

(Beispiele: pure Lebensfreude, flowing energy, ein leidenschaftlicher Macher, eine empathische Brückenbauerin, Flowmillionär ...)

Es kann sehr spannend sein, sich mit deinen Freunden oder Eltern dazu auszutauschen. Wie nehmen sie dich wahr? Würden sie dich in deinem neu formulierten Satz „Ich bin ...“ wiedererkennen? Oder geben sie dir zusätzliche Impulse mit, die du für dich nutzen kannst?

„Niemand ist wie du, und das ist deine Power.“

Anonym

Meine Superpower

Was ich der Welt zu geben habe

Jeder Mensch hat eine **Superpower**. Das bedeutet, dass wir alle der Welt etwas ganz Einzigartiges zu geben haben. Allerdings nutzen wir unsere Superpower häufig unbemerkt, weil sie uns so natürlich zufällt und wir sie mühelos und mit Leichtigkeit in unserem täglichen Tun und Wirken einsetzen. Verrückt, oder? Weil sie für dich so selbstverständlich ist, bleibt sie für dich oft unbemerkt und ist schwer in Worte zu fassen.

Deine Superpower ist sehr eng verbunden mit deinen größten Passionen und Stärken und sie bewirkt, dass du Flow erlebst. Setzen wir unsere Superpower bewusst ein, dann können wir sehr viel erreichen und bewegen. Und wenn wir uns klar machen, dass andere Menschen nicht über sie verfügen, dann drängt sich noch mehr die Frage auf: Wie kann ich meine Superpower nicht nur für mich, sondern auch für andere Menschen einsetzen?

Dadurch wird sie noch wertvoller als sie ohnehin schon ist. Gleichzeitig wird klar, dass es nicht darum geht, die Beste oder der Beste in etwas zu sein. Das mag vielleicht unser Ego streicheln, aber es wird uns nicht unbedingt glücklicher machen. Wenn alle Menschen ihre Superpower zum Wohle der Gemeinschaft einbringen, dann entsteht etwas Magisches, etwas, was größer ist als wir selbst. Und das Beste daran ist, dass wir uns selbst damit wohl, zufrieden und „im Flow" fühlen — also rundum glücklich.

Also, lass uns abtauchen und deine Superpower freilegen!

Inspirationsfragen

Meine Superpower

Bitte suche dir 3 Inspirationsfragen aus und finde heraus, was du der Welt zu geben hast.

- Was tue ich immer und immer wieder gerne, ganz natürlich?
- Was bereitet mir wahre Freude und was tue ich mit Leichtigkeit?
- Was ist mein Geschenk an andere?
- Wofür erhalte ich Komplimente und bin immer wieder überrascht?
- Für welchen Wesenszug werde ich am meisten geschätzt?
- Welche meiner Eigenschaften und Stärken werden in Feedbacks stets hervorgehoben?
- Welche positive Eigenschaft zieht sich wie ein roter Faden durch mein Leben — von klein auf?
- Welches meiner Talente ist stärker ausgeprägt als andere?
- Was wäre mein Motto, wenn ich wirklich ein/e Superheld*in wäre?

Hier hast du Platz für deine Antworten und Gedanken.

Tool/

I've Got the Power

Warum & wofür: Mit diesem Tool findest du heraus, welche deiner Stärken du als deine persönliche Superpower nutzen kannst.

Welche Bilder, Gedanken und Erinnerungen kommen dir ganz spontan, wenn du den Begriff „Superheld*in“ hörst? Ist es Superman, Robin Hood oder Wonderwoman, die dich schon immer fasziniert haben? Vielleicht hattest du als Kind sogar ein Kostüm deines Superhelden und hast dir vorgestellt, bestimmte Kräfte zu besitzen. Was verbindest du mit ihnen?

Deine ganz persönlichen Stärken hast du dir bereits im vorherigen Kapitel bewusst gemacht. Schreibe sie hier noch einmal für dich auf und überlege, in welcher deiner Stärken eine verborgene „Superpower“ stecken könnte. **Welches deiner Talente eignet sich, um es auch für andere einzusetzen?**

Meine Stärken:

Meistens handelt es sich um „ganz normale" Stärken, die zwar wertvoll sind, aber ihre eigentliche Kraft erst entfalten, wenn sie zum Wohl aller eingesetzt werden. Und da wären wir wieder bei unseren Superhelden. Was wäre Robin Hood, wenn er sich nicht für andere einsetzen würde?

Im realen Leben können wir alle Held*innen für jemand anderen sein, wenn wir uns authentisch zeigen und unsere Stärken einbringen.

Beyoncés Superpower ist ihre Stimme und ihr Gesangstalent, mit dem sie viele Menschen glücklich macht, unterhält und manchmal sogar tröstet. Banksys Superpower ist sein künstlerisches Talent, das er sogar für politische Themen einsetzt, um für andere eine Stimme zu erheben. Deine beste Freundin hat vielleicht die Superpower, empathisch zuzuhören und dich gut zu verstehen, ohne viele Worte.

Welche deiner Stärken möchtest du ab heute zu deiner Superpower machen?

Meine Superpower ist

____

____

____

____

Die Superheldin/den Superhelden in mir spüren und wecken:
Vielleicht hast du schon einmal gehört oder selbst erfahren, dass wir durch Bewegungen unseren Gefühlszustand beeinflussen können? Dieses Prinzip wollen wir uns jetzt zunutze machen: Welche Pose oder welcher Move spiegelt deine Superpower am besten wider? In welcher Haltung fühlst du dich kraftvoll, sicher und stark?

Keine Scheu, du bist wahrscheinlich ohne Zuschauer und kannst alles ausprobieren. Nutze deinen ganzen Körper und forme eine Körperhaltung oder Bewegung. Es darf durchaus Spaß machen und es darf gelacht werden :-) Wiederhole sie 2–3 Mal und spüre, wie es sich anfühlt. Vielleicht nimmst du eine kleine Veränderung wahr — du fühlst dich wacher, vielleicht hebt sich deine Stimmung oder ein Laut folgt der Körperbewegung, der die Superpower ergänzt?

Das ist deine Powerpose, in der du dich sicher, standhaft und stark fühlst. Merke sie dir gut und verankere das damit verbundene Gefühl in dir. Immer wenn du es brauchst, nimm deine Powerpose ein und verbinde dich mit deiner Superpower.

„Die zwei wichtigsten Tage in deinem Leben sind der Tag, an dem du geboren wirst, und der Tag, an dem du herausfindest, warum.“

Mark Twain

Mein Wofür

Was mein Beitrag für andere Menschen und diese Welt ist

Dein **Wofür** setzt sich aus deiner Essenz (was dich im Kern ausmacht), deiner Superpower (was du der Welt zu geben hast) und einem Thema, das dich besonders bewegt und berührt, zusammen.

Dein **Wofür** ist die Vorstellung, dass das, was du tust, zur Lösung eines der Probleme dieser Welt beiträgt. Es entsteht ein Gefühl von: Das, was ich mache, ist für andere Menschen oder unsere Natur und Umwelt wertvoll. Mit meinem Dasein bringe ich etwas Gutes in die Welt.

Wir wollen damit auf keinen Fall sagen, dass dein persönlicher Wert von der Dimension deines Beitrags für andere abhängt, weil aus unserer Sicht jeder Mensch gleich wertvoll ist. Gleichzeitig haben wir die Erfahrung gemacht — die durch verschiedene Studien belegt ist —, dass Menschen mit einer klaren Sinnorientierung glücklicher und erfüllter durch ihr Leben gehen. Das Schöne und Herausfordernde dabei ist, dass wir uns nicht die Frage stellen müssen: Was ist der Sinn des Lebens? Eher können wir uns fragen: Was ist der Sinn meines Lebens?

Uns ist bewusst, dass dies die größte Frage im ganzen Buch ist. Normalerweise brauchen wir mehrere Coaching-Sessions, um mit unseren Coachees ein stimmiges persönliches Wofür zu entwickeln. Mach dir deshalb bitte keinen Stress und versuche hier einfach, der Sache ein wenig näher zu kommen. Denn schon eine Teilantwort auf diese Frage wird dir helfen, dich zu orientieren und zu wissen, in welche Richtung du gerne deine Zukunft gestalten möchtest.

Inspirationsfragen

Mein Wofür

Bitte suche dir 3 Inspirationsfragen aus und finde heraus, was dein Beitrag für andere Menschen ist.

- Wenn alles möglich wäre, was würde ich in der Welt verändern?
- Wer ist mir besonders wichtig und wen möchte ich durch mein Wirken glücklich machen?
- Mit welcher meiner persönlichen Stärken kann ich dazu beitragen?
- Wofür möchte ich mich wirklich einsetzen?
- Welche Probleme dieser Welt bewegen mich gerade besonders?
- Wenn ich unbegrenzte Ressourcen hätte, welches Problem auf der Welt würde ich gerne lösen?
- In welchem Kontext möchte ich mich einbringen, um die Welt zu verändern?
- Gibt es etwas, eine Sache, einen Wert, eine Erfahrung, wofür ich im Ernstfall alles andere opfern würde? Was wäre das?
- Wofür bin ich heute morgen wirklich aufgestanden?

Hier hast du Platz für deine Antworten und Gedanken.

Tool

Find Your Why

Warum & wofür: Mit dieser Übung wollen wir es dir ermöglichen, dein persönliches **Wofür** zu finden.

Indem du diese Aufgabe angehst, kreierst du einen Nordstern, zu dem du immer aufblicken kannst, wenn du dich einmal lost fühlst.

Welche Probleme oder Themen in deinem Umfeld — wenn nicht sogar auf der ganzen Welt — bewegen dich gerade besonders? Notiere die Themen oder Probleme, die dich emotional berühren und die du besonders wichtig findest.

Beispiele: Diskriminierung, Konflikte und Kriege, Bildungsgerechtigkeit, Einsamkeit, Klimawandel, entfesselter Kapitalismus, Vermüllung der Meere, Gesundheit, Ernährung, soziale Gerechtigkeit, Armut, Nachhaltigkeit

Wähle das Thema aus, das dich am meisten berührt.

Beispiel: Ungerechtigkeit

Wir gehen davon aus, dass du genau dieses Thema ausgewählt hast, weil es dich irgendwo tief im Innern berührt. Doch was genau bewegt dich dabei? Vielleicht kannst du in deinem eigenen Leben Beispiele finden.

Beispiele: Mich berührt der Gedanke, dass jemand ungerecht behandelt wird. Gerade in der Schule begegnet mir das immer wieder. Nicht jeder Mensch wird als vollwertig angesehen. Ich finde es unfair, wenn ein Mensch aus einer Gemeinschaft und/oder der Gesellschaft ausgegrenzt wird.

Jetzt wissen wir, welches Thema oder Problem dich bewegt und was dich dabei wirklich berührt. Wir gehen nun einen Schritt weiter und fragen dich ganz konkret: Was, wenn DU der Mensch wärest, der einen signifikanten Unterschied bei diesem Thema bewirken könnte? Was könnte dabei ganz konkret dein Beitrag sein? Erlaube dir dabei, groß, grenzenlos und verspielt zu denken.

Beispiele: Ich würde mich für mehr Inklusion und Gleichberechtigung einsetzen und dazu beitragen, dass die Menschen in meinem Umfeld sich immer wertgeschätzt fühlen und gleiche Chancen bekommen.

Wenn du dir deinen Beitrag jetzt noch einmal durchliest: Wie fühlst du dich dabei? Ist das ein Beitrag, dem du wirklich wirklich nach-gehen möchtest? Falls nicht, dann spür gerne noch einmal in dich hinein, ob es doch ein anderes Thema ist, das dich mehr bewegt.

Bis hierhin hast du erneut Erkenntnisse über dich gewinnen können. Ist es dir gelungen, deinen Beitrag in 1—2 Sätzen festzuhalten?

Um nun zu deinem Wofür zu kommen, möchten wir dir eine Formel anbieten. Diese lautet: **Deine Essenz + deine Superpower + dein Beitrag = dein Wofür**

Das liest sich vielleicht etwas kompliziert, doch lass dich bitte nicht davon abschrecken. Um zu deinem Wofür — deinem Nordstern — zu kommen, braucht es jetzt von dir ein wenig kreative Wortspielerei. Das Ergebnis muss sich für dich stimmig anfühlen.

Also nimm dir dafür Zeit und spiele mit Wörtern und Metaphern, die zu dir passen. Du kannst dich dabei entweder an unserer Formel orientieren oder natürlich komplett freestylen. In unserer Inspirationsbox findest du weitere Beispiele und Ideen.

Beispiel: Ich bin eine motivierende Macherin (meine Essenz), die immer wieder Menschen aus unterschiedlichsten Bereichen zusammenbringt (meine Superpower), um darauf aufmerksam zu machen, dass jeder Mensch willkommen ist und seine Stärken für die Gemeinschaft einbringen kann (mein Beitrag).

MEIN PERSÖNLICHES WOFÜR

INSPIRATIONSBOX

Tanja, Fotografin: Ich fange Begegnungen ein (meine Essenz), in dem ich Menschen ermutige, sich authentisch und voller Vertrauen dem Moment hinzugeben (meine Superpower). So helfe ich anderen, ihre schönste Seite nach außen zu kehren (mein Beitrag).

Sophie, Managerin: Ich bin eine energiereiche Impulsgeberin (meine Essenz) und motiviere Menschen, leidenschaftlich neue Spielfelder zu erschließen, indem ich Mechanismen in ihrer Sprache erkläre (meine Superpower), um mit ihnen wertvolle Ziele zu erreichen (mein Beitrag).

Christian, Unternehmer und Coach: Ich bin ein Freigeist (meine Essenz), der bewusst wertvolle Erfahrungen sammelt und vertrauensvolle Beziehungen zu Menschen aufbaut (meine Superpower), um sie mit Leichtigkeit dazu zu inspirieren, für sich neue Horizonte zu erschließen (mein Beitrag).

„Lass deine Taten sein
wie deine Worte.
Und deine Worte wie
dein Herz.“

Ludwig Uhland

Meine Message

Was meine persönliche Botschaft an mich & die Welt ist

Deine **Message** ist deine persönliche Kernbotschaft an dich und vielleicht auch irgendwann an die ganze Welt. Sie basiert auf deinen Werten, deiner Essenz und deinem Wofür. Sie ist wie ein Motto oder Mantra für dich, das du dir immer wieder vorsingen kannst und das dich darin bestärkt, deinen Weg zu gehen.

Da draußen gibt es viele Menschen mit einem hohen Sendungsbewusstsein, die täglich bei social media ihre Botschaften — mal mehr, mal weniger tiefgründig — teilen. Bei deiner Message geht es um das, was du tief im Inneren fühlst und für besonders wichtig erachtest. Deine Message ist wahr für dich. Sie muss nicht unbedingt den Anspruch erheben, auch für alle anderen Menschen auf dieser Welt Gültigkeit zu haben.

Und vielleicht fragst du dich: Braucht denn jeder Mensch auf dieser Welt eine Message? Die eindeutige Antwort lautet: Nein, natürlich nicht. Wir können gut leben, ohne eine ausformulierte Botschaft im Gepäck zu haben.

Allerdings wissen wir, dass eine persönliche Message eine enorme Power entfalten kann. Die Kraft einer Botschaft, die auf einer sehr starken Überzeugung beruht, können wir bei Greta erkennen. Wir wollen damit nicht sagen, dass du dir Greta als Vorbild nehmen solltest. Sie ist vielmehr der lebende Beweis dafür, dass wir — unabhängig von unserem Alter — Dinge auf dieser Welt verändern können, wenn wir eine klare Message haben. Und auch in deinem Alltag wirst du merken, dass dir viele kleine und große Entscheidungen leichter fallen, wenn dein Motto immer leise zu hören ist — als eine Art Headline für deinen Tag, deine Woche und sogar dein ganzes Leben.

Inspirationsfragen

Meine Message

Bitte suche dir 3 Inspirationsfragen aus und finde heraus, was deine persönliche Botschaft ist.

- Welche Zitate inspirieren mich besonders?
- Welchen Spruch würde ich mir an den Spiegel hängen?
- Was ist die EINE Botschaft, die sich in allen meinen Beziehungen und Aktivitäten widerspiegeln soll?
- Wie würde ich in einem Satz ausdrücken, wofür mein Leben stehen soll?
- Wie würde der Refrain meines Liedes lauten?
- Was ist das Motto meines Lebens?
- Was sollte, meiner Meinung nach, jeder am Ende seines Lebens begriffen haben?
- Welche Überschrift hat meine Biografie?
- Welcher Satz soll auf meinem Grabstein stehen, der perfekt zu mir und meinem Leben passt?

Hier hast du Platz für deine Antworten und Gedanken.

Tool

Message to the World

Warum & wofür: Mit diesem Tool kreierst du deine ganz persönliche Message an dich und die Welt.

Vielleicht hast du bereits deine persönliche Zitat-Auswahl auf Pinterest oder du sammelst an anderer Stelle inspirierende Sprüche, Leitsätze und Lieder-Refrains? Falls nicht, notiere dir hier deine Lieblingszitate und lasse sie auf dich wirken.

Meine aktuellen Lieblingszitate- und sprüche

-
-
-
-
-
-
-
-

Wenn du dir nun deine Antworten auf die Inspirationsfragen anschaust, z. B. dein Motto fürs Leben oder den Titel für deinen Song und dazu auf dein Lieblingszitat blickst — was ist es, das dich im Moment am meisten anspricht und am besten zu dir passt? Vielleicht ist es auch gerade die Mischung aus verschiedenen Bausteinen, die du brauchst, um deine persönliche Message zu formulieren?

Meine Message an mich und die Welt / Was ich euch schon immer sagen wollte:

Und nun überprüfen wir, ob es deine „Message für dich und die Welt" ist, und ob noch etwas fehlt oder verändert werden darf: Stell dir dazu bitte vor, du gewinnst zwei Karten für DIE Veranstaltung des Jahres. So ein Glück — da wolltest du sowieso schon immer mal hin — je nach Interesse ist es der Superbowl, die Eröffnung der Olympischen Spiele, die Fußball-WM, ein Konzert deiner Lieblingsband oder ein ganz anderes Event. Nun ist es soweit und du sitzt auf den VIP-Plätzen und wirst gebeten, wie alle anderen in der ersten Reihe, ein großes Schild mit deiner Message zu beschriften. Du überlegst nicht lange, denn es ist ganz klar, was du mit der Welt teilen möchtest — deine Wahrheit, dein Lebensmotto. Und dann halten alle ihre Schilder hoch und die Kamera zoomt ausgerechnet auf dich, immer näher und näher und dann erscheint deine persönliche Botschaft auf allen Monitoren im Stadion, auf allen TV-Geräten zuhause und im Live-Ticker. Es sind diese Zeilen, die du aus ganzem Herzen mit der Welt teilst:

„Alle Träume können wahr werden, wenn wir den Mut haben, ihnen zu folgen.“

Walt Disney

Meine Vision

Was ich wirklich, wirklich will

Deine **Vision** ist ein motivierendes Zukunftsbild, das dir dabei hilft, deine persönlichen Ziele zu formulieren. Sie stellt ein inspirierendes und schlüssiges Gesamtbild eines Lebensbereiches oder deines gesamten Lebens dar. Dabei gibt sie dir die Richtung vor, in die du dich entwickeln möchtest.

Deine Vision darf groß sein! Wenn sie für dich zu leicht zu erreichen ist, dann handelt es sich eher um ein Etappenziel auf deinem Weg zur Vision. Stelle dir einen positiven Zustand vor, den du gerne in der mittel- bis langfristigen Zukunft erreichen willst. Deine Vision ist dann stimmig und gut, wenn sie in dir große Freude auslöst und zu deinem Wofür passt.

Gibt es einen Unterschied zwischen deiner Vision und deinen Träumen? Ja und nein! Nein, weil ein Traum eine Vision sein kann. Ja, weil wir Visionen formulieren, um aktiv etwas dafür zu tun, sie zu erreichen. Manche Träume hingegen dürfen auch für immer Gedankenschlösser bleiben, weil sie nur dafür da sind, geträumt zu werden.

Es ist also nicht unbedingt ein Widerspruch, gleichzeitig visionär und pragmatisch zu sein. Es kann dir sogar dabei helfen, deine Visionen Wirklichkeit werden zu lassen.

Visionäre Menschen sind für viele von uns deshalb so faszinierend, weil sie mit Mut, Kreativität und Ausdauer eine Zukunft erschaffen, die besser ist als der Status Quo.

Du bist jetzt bereit, deine ganz eigene Vision für das, was du wirklich, wirklich willst, zu kreieren.

Inspirationsfragen

Meine Vision

Bitte suche dir 3 Inspirationsfragen aus und finde heraus, was du wirklich willst.

- Wenn es keine Limits, keine Regeln und keine Erwartungen an mich gäbe, was würde ich dann mit größter Freude umsetzen und tun?
- Wie möchte ich mich in drei Jahren fühlen?
- Was möchte ich in diesem Leben erreichen, um sagen zu können, dass es ein erfülltes und glückliches Leben war?
- Wenn ich 1 Million Euro gewonnen hätte, was würde ich mit dem Geld tun?
- Welche Menschen sind für mich besonders visionär?
- Wenn ich zaubern und die Welt beliebig verändern könnte, was würde ich tun?
- Welche Personen würden sich beschenkt fühlen, wenn meine persönliche Vision wahr würde?
- Bin ich bereit, mich anzustrengen, um meine Vision auch Realität werden zu lassen?

Hier hast du Platz für deine Antworten und Gedanken.

Tool/

Vision Board

Warum & wofür: Dieses Tool hilft dir dabei, mit der Kraft der Visualisierung deine ganz persönliche Vision zu kreieren und zum Ausdruck zu bringen.

Dein Vision Board ist eine kreative Collage aus Bildern, Zitaten, Zeichnungen und Wörtern, die all deine Wünsche und Ziele für die Zukunft darstellen. Du kannst es dir wie ein Storyboard für einen Film über dein „perfektes Leben" vorstellen. Erinnere dich zur Einstimmung an deine Passionen und Inspirationsquellen, genauso wie an deine Flow-Momente und deine unverhandelbaren Werte — sie bilden das Fundament für eine motivierende und stimmige Vision. Blicke auch gerne auf dein Lebensrad aus dem Planschbecken, um dir die verschiedenen Bereiche deines Lebens vor Augen zu führen.

Nimm drei tiefe Atemzüge, schließe deine Augen und tauche ein in deine Zukunftsvision. Genieße dein Kopfkino mit allen Sinnen — was siehst du? Welche Farben tauchen auf? Was fühlst du? Was riechst du? Was schmeckst du? Wer ist noch dabei? Wo genau befindest du dich — drinnen oder draußen, in deiner Heimatstadt oder im Ausland ...? Je konkreter du es dir vorstellst, desto klarer wird das Bild.

Express your vision! Und nun verleihe diesen Bildern einen echten Ausdruck. Entweder machst du es digital und sammelst mit Screenshots das, was in dein Vision Board gehört. Oder du malst etwas, nimmst Schere und eine Zeitschrift in die Hand und schneidest das aus, was deinen Bildern entspricht.

Keep it simple & have fun. Leg los, denk nicht zu viel nach und lass es fließen — einfach intuitiv auswählen, malen, basteln und tun. Lege es anschließend für eine Stunde oder einen Tag zur Seite und schaue dann, mit etwas Abstand, nochmal drauf. Wenn etwas fehlt, ergänze es gerne. Schreibe noch Dinge dazu oder umrunde das Wichtigste. Mach es ganz zu deinem.

Wenn du dein Vision Board erstellt hast, dann hänge es in deinem Zimmer auf oder nutze es als Bildschirmhintergrund. Es sollte vor allem gut sichtbar sein, sodass dein Blick öfter am Tag dorthin wandert. Auf diese Weise programmierst du dein Unterbewusstsein, das für dich arbeiten und dich dabei unterstützen kann, deinen Fokus aufrechtzuerhalten. Ganz mühelos und ohne Anstrengung.

Zusammenfassung Abtauchen

Meine Message

Was meine persönliche Message an die Welt ist

Mein Wofür

Was mein Beitrag für andere Menschen ist

Meine Essenz

Was mich im Kern ausmacht

Meine Superpower

Was ich der Welt zu geben habe

Meine Vision

Was ich wirklich, wirklich will

Auftauchen

Du bist in Kapitel 1 eingetaucht und weißt, welche Werte dich leiten, wofür du brennst und was du drauf hast. In Kapitel 2 bist du sogar noch tiefer abgetaucht und hast herausgefunden, was dich im Kern ausmacht, was deine ganz eigene Superpower ist und wie deine Vision für die kommenden Jahre aussieht.

Damit hast du schon unglaublich viel erreicht. Du kannst stolz darauf sein, dass du es bis zu diesem Punkt geschafft hast!

Gleichzeitig müssen wir dir leider aus Erfahrung berichten, dass das Leben eben doch nicht immer nur ein Goldfischbecken ist und es Hindernisse — im Innen und Außen — geben wird, die dich daran hindern können, deine Ziele zu erreichen.

Aus der Motivationsforschung wissen wir, dass es wichtig ist, diese Hindernisse schon im Vorfeld zu betrachten, bevor sie uns in der Realität begegnen. Damit du erfolgreich auftauchen kannst, werden wir uns im dritten Kapitel anschauen ...

- welche Stimmen dich daran hindern, deine Ziele zu erreichen
- was du über dich selbst und die Welt glaubst
- was andere von dir erwarten und verlangen
- wer und was Einfluss auf dich nimmt
- wie du dich selbst unterstützen kannst.

Im Vergleich zu den vorangegangenen Kapiteln werden dir hier möglicherweise Fragen und Übungen begegnen, in denen du auch Seiten an dir selbst entdeckst, die du aus guten Gründen erst einmal in der hintersten Ecke des Schranks versteckt hast. Manchmal wirst du auch Widerstand spüren — sprich keinen Bock haben — und vielleicht weniger Freude und Spaß dabei empfinden. Auch das ist völlig menschlich, üblich und „normal“. Keiner von uns redet gerne über die eigenen Schwächen, bzw. Schatten, aber sie gehören zu uns und wenn wir sie kennen, können wir sie sogar für uns nutzen. Vertraue einfach darauf, dass du mit jeder Erkenntnis der Wasseroberfläche näher kommst und folge dabei der ins Wasser strahlenden Sonne.

„Lass deine eigene innere Stimme nicht im Lärm anderer Meinungen ertrinken."

Steve Jobs

Meine *i*nneren Stimmen

Wer spricht denn da?

Deine **inneren Stimmen** sind eine Metapher für verschiedene Persönlichkeitsanteile, die du in dir trägst. Sie können uns sowohl positiv als auch negativ beeinflussen, indem sie uns entweder wohlwollend und motivierend begleiten oder uns ausbremsen und limitieren. Wenn du genau in dich hineinhörst, kannst du feststellen, dass sich diese inneren Stimmen in einem ständigen Dialog miteinander befinden.

Bestimmt hast du schon einmal den Satz gehört: Hör auf deine innere Stimme. Es ist ein Satz, den wir als Coaches und Autor*innen dieses Buches auch sehr gerne sagen. Damit ist gemeint, dass du dich mit deiner Intuition und deiner Essenz verbindest und von ihnen leiten lässt. Das ist manchmal allerdings leichter gesagt als getan, weil jeder Mensch verschiedene Persönlichkeitsanteile in sich trägt. Und diese Persönlichkeitsanteile sprechen alle mit unterschiedlichen Stimmen in uns. Einige laut, andere leise. Einige schnell, andere langsam. Manche sind dominant und nach außen gerichtet und wieder andere vornehm und nach innen gerichtet.

OK, das klingt jetzt ein wenig spooky und du fragst dich vielleicht, ob du das Buch nicht lieber an dieser Stelle zuklappen solltest. Aber es handelt sich dabei tatsächlich um ein anerkanntes Persönlichkeitsmodell des renommierten Psychologen Friedemann Schulz von Thun, das auch das **innere Team** genannt wird.

Vielleicht haben sich deine inneren Team-Mitglieder und ihre Stimmen gemeldet, als du unsere Inspirationsfragen beantwortet oder die Übungen gemacht hast. Vielleicht sprach deine Skeptikerin in dem Moment zu dir, in dem du deine Superpower entdecken wolltest? Oder der Perfektionist, als es darum ging, deine Vision zu formulieren?

Das ist durchaus nicht ungewöhnlich. Wichtig ist, dass wir uns bewusst werden, wer denn da eigentlich genau spricht. Dann können wir nämlich selbst entscheiden, ob wir dieser Stimme zuhören und ihr folgen möchten oder nicht.

Inspirationsfragen

Meine inneren Stimmen

Bitte suche dir 3 Inspirationsfragen aus und finde heraus, wer mit dir spricht.

- Welche Stimmen sind mir besonders vertraut? Welche kenne ich gut und wie würde ich sie nennen?
- Welche inneren Stimmen mag ich und welche höre ich eher ungerne?
- In welchen Situationen tauchen die unliebsamen Stimmen auf? Vor was möchten sie mich vielleicht schützen?
- Sprechen einige dieser Stimmen so wie real existierende Personen, z. B. wie meine Eltern?
- Welche Stimmen würde ich gerne lauter hören?
- Welche innere Stimme ist mir während der Übungen in diesem Buch bisher am häufigsten begegnet?
- Welche Stimme ist hier vielleicht zum ersten Mal aufgetaucht?
- Welche Stimme könnte ruhig etwas lauter sein, wenn es um meine Träume und Zukunftsvorstellungen geht?
- Welche Stimme wünsche ich mir etwas leiser?

Hier hast du Platz für deine Antworten und Gedanken.

Tool

Inner Voices

Warum & wofür: Mit diesem Tool findest du heraus, welche inneren Stimmen dich daran hindern, deinen Weg zu gehen.

Nach der Einstimmung durch die Inspirationsfragen kannst du sicherlich einige Stimmen in dir schon klar benennen. Welche von ihnen hält dich womöglich davon ab, deine eigene Zukunft zu gestalten?

Nutze die Bubbles, um zu notieren, wie deine inneren Stimmen heißen und was sie sagen, Beispiele:

- die innere Kritikerin/der innere Kritiker: „Du bist nicht gut genug, du schaffst das nicht."
- die/der Motivierende: „Ich glaub an dich, du packst das!"
- die/der Ambitionierte: „Egal, welchen Preis ich dafür bezahle, ich muss das Ziel erreichen."
- die/der Ängstliche: „Was ist, wenn mich die Leute auslachen?"
- die/der Hilflose: „Wie soll ich das nur schaffen?"
- die/der Mutige: „Ich bin bereit, ein Risiko einzugehen."
- die Perfektionistin/der Perfektionist: „Wenn ich das mache, muss es richtig gut werden."
- die/der Optimist/in: „Alles wird gut."

Hier kommen ein paar Tipps, wie du deine inneren Stimmen noch besser kennenlernst und besonders mit den Stimmen umgehen kannst, die dich gefühlt eher zurückhalten und limitieren.

1. Zunächst laden wir dich ein, nicht wegzuhören, sondern diese inneren Stimmen ganz achtsam wahrzunehmen, um sie einmal bewusst kennenzulernen. Wenn wir versuchen, sie zu unterdrücken, werden sie sich möglicherweise zu einem späteren Zeitpunkt umso heftiger melden.

2. Stell dir einmal spielerisch vor, du lädst eine Stimme, die dich gefühlt gerade limitiert, zu einer Tasse Tee ein und fragst sie: „Wer bist du? Was willst du mir, liebe innere Stimme, wirklich sagen?" Erlaube dir, in ein Gespräch zu gehen.

3. Während du in diesem Dialog bist, achte darauf, dass du diese innere Stimme würdigst. Erkenne an, welchen Wert diese Stimme für dich hat und was sie alles für dich tut – auch wenn das nicht immer auf den ersten Blick erkennbar ist.

4. Zum Abschluss des Gespräches kannst du die Botschaften dieser inneren Stimme mit Fragen integrieren. Frage die innere Stimme: „Was brauchst du von mir, damit du dich eingebunden fühlst und wir gemeinsam neue Wege gehen und Großartiges bewegen können?"

Lass dich durch deinen Forschergeist inspirieren, deine inneren Stimmen spielerisch und mutig näher kennenzulernen. Wenn du dich ihnen auf diese Weise zuwendest, werden sie dich mit viel größerer Wahrscheinlichkeit bei der Erreichung deiner Ziele unterstützen, anstatt deinen Erfolg zu sabotieren.

„Ob du denkst,
du kannst es oder du
kannst es nicht:
Du wirst auf jeden Fall
Recht behalten."

Henry Ford

Meine G/aubenssätze

Was ich über mich selbst & die Welt glaube

Glaubenssätze sind Verallgemeinerungen aus vergangenen Erfahrungen und beeinflussen unsere Energie, Motivation, Arbeitsweise und vieles mehr. Sie werden meist in unserer Kindheit unbewusst gebildet und verankern sich mit der Zeit, bis sie für uns als Wahrheit gelten. Dabei entsprechen sie nicht unbedingt dem objektiven Wahrheitsgehalt.

Glaubenssätze zeigen sich in unseren alltäglichen und immer wiederkehrenden Gedanken und haben somit einen enormen Einfluss auf uns und unser Leben. So kann ein positiver Glaubenssatz der entscheidende Auslöser für einen erfolgreichen Tag sein. Das gilt auch vice versa: Ein negativer Glaubenssatz kann dazu führen, dass wir unseren eigenen Erfolg sabotieren und unsere Ziele nicht erreichen.

Ob Eltern, Mitschüler*innen, Lehrer*innen oder Freundeskreis — unsere Bezugspersonen haben einen erheblichen Einfluss auf die Bildung unserer persönlichen Glaubenssätze. Besonders in den ersten fünf Lebensjahren werden wir stark von unseren Eltern und Bezugspersonen geprägt, da wir ihre Behauptungen ungeprüft hinnehmen. Diese Behauptungen werden erlernt und können uns, je nachdem welche Glaubenssätze verfestigt werden, hindern oder eben fördern, den eigenen Weg zu gehen.

Einige Beispiele von begrenzenden Glaubenssätzen sind:

- „Ich bin in allem ein Verlierer/eine Verliererin."
- „Ich schaffe das nicht. Das ist unmöglich."
- „Ich kann keine Freunde finden."
- „Meine Finanzen bestimmen meinen Wert."
- „Ich bin zu jung/alt/dumm..."
- „Ich habe es nie anders gelernt."

Also, lass uns anschauen, welche Glaubenssätze dich prägen und wie du hinderliche Überzeugungen in förderliche verwandeln kannst.

Inspirationsfragen

Meine Glaubenssätze

Bitte suche dir 3 Inspirationsfragen aus und finde heraus, was du über dich und die Welt glaubst.

- Welche Glaubenssätze wurden mir von meinen Eltern mitgegeben?
- Was glaube ich über mich selbst? Was davon ist positiv und was negativ?
- Welche Annahmen stehen für mich unumstößlich fest?
- Welche meiner persönlichen Glaubenssätze würde ich gerne auf den Prüfstand stellen?
- Welches ist der beste Glaubenssatz, den ich habe?
- Wie bewerte ich verschiedene Situationen? Welchen Maßstab lege ich an?
- Welche vermeintlichen Lebensregeln (z. B. „Von nichts kommt nichts.“) habe ich — ohne viel darüber nachzudenken — zu meinen eigenen gemacht?
- Wenn ich an meine Zukunft denke, welche Kalendersprüche fallen mir automatisch ein?
- Welche Glaubenssätze möchte ich gerne integrieren und sie unterstützend öfter hören?

Hier hast du Platz für deine Antworten und Gedanken.

Tool

Transform your Beliefs

Warum & wofür: Mit dieser Übung findest du heraus, welche Glaubenssätze dich einschränken und wie du sie verändern kannst, um deinen Weg zu gehen.

Je öfter wir an einen Glaubenssatz denken, desto stärker verfestigt und automatisiert er sich. Befinden wir uns in einer bekannten oder neuen Situation, dann versucht unser Gehirn diese mit einem Glaubenssatz zu erklären. Die Folge kann das Festhalten an Glaubenssätzen und das Verallgemeinern von Situationen sein.

Ein Beispiel: Es regnet. An sich ist das ein neutrales Ereignis. Wir verknüpfen damit Gedanken, wie: Oh nein, ich werde nass.

Doch wie wäre es, wenn du dem Regen eine andere Bewertung geben, dich von ihm küssen lassen würdest und dir eine neue Erfahrung schenkst? Es ist die neue Bewertung einer bekannten Situation, die für andere, neue Gefühle sorgt.

Deshalb lohnt es sich, unsere Glaubenssätze anzuschauen und zu überprüfen. Insbesondere diejenigen, die uns daran hindern könnten, unsere Zukunft ganz nach unseren Wünschen zu gestalten.

Schritt 1: Auf der linken Seite schreibst du alles, was du über dich denkst, auf. Positive wie auch negative Gedanken. Auf der rechten Seite des Papiers schreibst du auf, wo dieser Gedanke in deinem Leben bestätigt wird:

- Positive Gedanken über mich:
  Wo in meinem Leben lässt sich dieser Gedanke bestätigen?
- Negative Gedanken über mich:
  Wo in meinem Leben lässt sich dieser Gedanke bestätigen?

POSITIVE GEDANKEN ÜBER MICH	WO IN MEINEM LEBEN LÄSST SICH DIESER GEDANKE BESTÄTIGEN
Beispiel: Ich kann gut singen.	Beispiel: Andere Menschen freuen sich, wenn ich für sie singe.

NEGATIVE GEDANKEN ÜBER MICH	WO IN MEINEM LEBEN LÄSST SICH DIESER GEDANKE BESTÄTIGEN
Beispiel: Ich kann nicht gut formulieren.	Beispiel: Meine Aufsätze wurden immer kritisiert.

Schritt 2: Frage dich zu jedem negativen Gedanken:

- Warum halte ich diese Annahme (noch immer) für wahr?
- Welche Gegenbeweise gibt es in der Gegenwart?
- Was bringt es mir, diese Überzeugung für die Wahrheit zu halten?
- Was möchte ich stattdessen empfinden?

GEDANKE	ANTWORT ZU DEN OBIGEN 4 FRAGEN

Schritt 3: Nun erlaube dir, diese *Gedanken zu transformieren,* indem du ein inneres Mantra/eine Affirmation/eine neue Einstellung formulierst. Nachdem du für dich ein *neues Mantra* gefunden hast, kannst du es dir laut oder im Geiste immer wieder vorsagen. Das stetige Wiederholen wird in dir eine neue Wahrheit prägen. Ganz nach dem Motto: Fake it till you make it.

Dadurch werden sich auch dein Verhalten und deine Gefühle dauerhaft zum Positiven verändern. Man könnte auch sagen, dass eine *Affirmation, vereinfacht ausgedrückt, die Vorstufe eines positiven Glaubenssatzes ist.*

Wichtig dabei ist: Du musst die Affirmation wirklich mit ganzem Herzen und jeder Faser deines Körpers für wahr halten. Sonst kann es passieren, dass dir dein Unterbewusstsein einen Strich durch die Rechnung macht und das Mantra wirkungslos bleibt.

GEDANKE (ÜBERTRAGUNG VON OBEN)	AFFIRMATION / INNERES MANTRA
Beispiel: Ich kann nicht gut formulieren.	Beispiel: Sätze, die ich schreibe, sind immer ein wertvoller Beitrag, weil sie von mir kommen.

„Tut mir leid, wenn
ich eure Erwartungen
nicht erfülle,
aber meine sind
mir wichtiger.“

Anonym

Meine Erwartungshaltungen

Was andere von mir erwarten & verlangen

Erwartungshaltungen haben mit unseren Werten, Glaubenssätzen und unserer persönlichen Kultur zu tun. Wie verhält man sich? Welche Regeln muss man einhalten? Wie redet man mit anderen? Wann nimmt man Mahlzeiten ein? Wie strukturiert man sich? Wie ordentlich und pünktlich muss man sein? Welchen Beruf sollte man ergreifen, um angesehen zu sein? Die Ursprünge liegen in der Familie, der Schule, der Gesellschaft und in dem sozialen Gefüge, in dem wir uns bewegen.

Häufig projizieren Menschen die eigenen Erwartungen an sich und das Leben auch auf Menschen in ihrem Umfeld. So kann es z.B. sein, dass ein ehrgeiziger Vater seinen nicht in Erfüllung gegangenen Wunsch, Fußballprofi zu werden, auf seinen Sohn überträgt. Damit verbunden ist nun die Erwartungshaltung, dass sein Sohn alles tut, um dieses vom Vater formulierte Ziel zu erreichen.

Manchmal ist es aber auch so, dass unsere Eltern gar nicht offen aussprechen, was sie von uns erwarten. Sie sagen, wir sollen den Weg gehen, der uns glücklich macht. Und trotzdem spüren wir eine Erwartungshaltung, weil wir ja täglich beobachten, wie unsere Eltern ihr Leben leben und was sie dabei toll finden und was nicht. Wenn wir — bewusst oder unbewusst — unseren Eltern gefallen wollen, dann übernehmen wir also die nicht ausgesprochenen Erwartungshaltungen und machen sie zu unseren eigenen.

Wenn es dir gelingt, dich von den Erwartungen, die dich negativ beeinflussen, einengen und limitieren, zu befreien, dann bist du bereit, mutig und selbstbestimmt deinen ganz eigenen Weg zu gehen.

Insp*i*rationsfragen

Erwartungshaltungen

Bitte suche dir 3 Inspirationsfragen aus und finde heraus, was andere von dir erwarten und verlangen.

- Was erwarte ich selbst von mir?
- Was davon gehört wirklich zu mir und was habe ich wohl von außen übernommen?
- Was glaube ich, was meine Eltern, meine Freunde, meine Großeltern, meine Geschwister etc. von mir erwarten?
- Warum haben sie wohl diese Erwartungen an mich?
- Welchen dieser Erwartungen werde ich nicht gerecht?
- Welche Erwartungen an mich würde ich gerne ablegen?
- Was erwarte ich selbst von meinem Leben, von meiner Zukunft?
- Erwarte ich etwas von anderen? Was ist es genau?
- Kann man ganz erwartungsfrei sein? In welchem Kontext könnte ich das mal ausprobieren?
- Wie fühle ich mich, wenn ich nicht den Druck verspüre, die Erwartungen anderer an mich zu erfüllen?

Hier hast du Platz für deine Antworten und Gedanken.

Tool

My Way

Warum & Wofür: Mithilfe dieser Übung lernst du, deine eigenen und fremde Erwartungen einzuordnen, abzugleichen und — wenn du willst — loszulassen.

Schritt 1:
Ergänze folgende Satzanfänge. Schreibe einfach alles, was dir einfällt, auf. Nutze die Satzanfänge gerne häufiger. Bewerte nichts. Wenn dir nicht sofort etwas einfällt, bleibe trotzdem mit deinen Gedanken bei der Übung. Die wesentlichsten Erkenntnisse kommen häufig am Schluss.

ICH MUSS ...

ICH SOLLTE ...

ICH DARF NICHT ...

ICH BIN VERPFLICHTET ...

ICH BIN EIN GUTER MENSCH,
WENN ICH ...

Sehr gut gemacht! Jetzt hast du schon eine Menge Erwartungen aufgeschrieben. Und nun wird es aufschlussreich!

Schritt 2:
Als nächstes sortiere deine Erwartungen:

- Kennzeichne *in Grün* deine ganz eigenen inneren Erwartungen, die sich gut anfühlen und beschreibe, warum sie für dich wichtig sind.
- Kennzeichne dann in *Rot* alle Erwartungen, die unangenehmen Stress auslösen, bei denen du den Eindruck hast, dass sie dir aufgedrückt wurden oder werden und bei denen du automatisch denkst: Das macht man so.

Geh den Erwartungen auf den Grund und siebe sie kräftig durch. Das kann ein schwieriger Schritt sein. Eine hilfreiche Frage dabei ist: **Wie würdest du handeln, wenn du ganz allein wärst und dich niemand bewerten würde?**

Schritt 3:
Fremde Erwartungen loslassen.

- Reflektiere die von dir gekennzeichneten fremden Erwartungen *(in Rot)*:
- Bist du wirklich 100 % sicher, dass diese Erwartung richtig ist?
- Welche Argumente könnten dagegen sprechen?
- Was wäre das Positive, wenn du diese Erwartung nicht mehr hättest?

Dadurch verlieren so manche Erwartungen von ganz alleine ihre Macht und Wirkung.

„Wenn Sie der Menge folgen, könnten Sie sich darin verirren.“

Anonym

Peer Pressure

Wer & was Einfluss auf mich nimmt

Peer Pressure ist das englische Wort für Gruppenzwang und bedeutet, dass wir unser Verhalten und unsere Einstellungen an die Gruppennorm anpassen — vor allem, wenn unser angepasstes Verhalten eine Bedingung darstellt, zur Gruppe dazuzugehören. Da wir als Menschen ein angeborenes Bedürfnis nach Beziehung, Zugehörigkeit und Identität haben, sind wir anfällig dafür, dem Gruppenzwang nachzugeben und uns anzupassen.

Du kennst das bestimmt: Du wirst von deinem Freundeskreis aufgefordert, bei etwas mitzumachen, wozu du eigentlich gar keine Lust hast. Und dann tust du es trotzdem und spürst, wie es nicht mit deinen eigenen Werten und Bedürfnissen übereinstimmt. Viele junge Menschen erzählen uns, dass sie z. B. bestimmte Klamotten tragen oder Alkohol trinken, weil sie Angst haben, sonst nicht akzeptiert zu werden. Manchmal reicht der Peer Pressure sogar so weit, dass er die Wahl unseres Studiengangs, unsere politische Einstellung oder unseren Lifestyle entscheidend beeinflusst.

Es erfordert nicht selten großen Mut, sich dem Gruppenzwang zu entziehen und seinen eigenen Weg zu gehen. Doch es lohnt sich, diesen Mut aufzubringen! Denn was passiert, wenn du es nicht tust? Andere Menschen werden über dein Leben bestimmen und du wirst Dinge tun, von denen du nicht überzeugt bist.

Also, mach dir bewusst, wo dich Peer Pressure davon abhält, du selbst zu sein und deinen Weg zu gehen. Du bist nicht der Einzige, der Peer Pressure spürt. Wenn du mit positivem Beispiel vorangehst, wirst du auch andere damit inspirieren.

Inspirationsfragen

Peer Pressure

Bitte suche dir 3 Inspirationsfragen aus und finde heraus, wer oder was Einfluss auf dich nimmt.

- Habe ich Freunde, die mich in meinem Denken und Handeln beeinflussen?
- Sind diese Einflüsse gut oder schlecht für mich?
- Wann habe ich in meinem Leben Gruppenzwang am intensivsten gespürt? Was hat das mit mir gemacht?
- Setze ich manchmal selbst andere Menschen unter Druck, bestimmte Dinge zu tun?
- Spüre ich FOMO (Fear of missing out)? Wenn ja, wie zeigt sich das bei mir?
- Wie fühlt es sich für mich an, wenn ich völlig frei von Gruppenzwang bin?
- Was würde ich anders tun, wenn ich völlig frei von Peer Pressure wäre?
- Was kann ich tun, um dem Gruppenzwang weniger ausgesetzt zu sein?

Hier hast du Platz für deine Antworten und Gedanken.

Tool

No Pressure

Warum & wofür: Mithilfe dieses Tools lernst du, besser mit Peer Pressure umzugehen und für deine eigenen Werte einzustehen.

Peer Pressure wird uns immer und immer wieder begegnen. Und häufig kann er uns davon abhalten, unseren eigenen Weg zu gehen.

Wie können wir also mit Peer Pressure umgehen?

- Lerne **Nein** zu sagen. Mit einer Begründung, die dich unterstützt und die gar nicht laut ausgesprochen werden muss.
- Mache dir klar: Ein **Nein** zu jemand anderem kann ein **Yeah** zu deinen eigenen Werten und zu dir selbst sein.
- Nimm dich bewusst aus der Situation heraus.
- Finde Freunde und Gleichgesinnte, in deren Gegenwart du dich so geben kannst, wie du bist. Umgib dich mit Menschen, die dir mit Toleranz und Empathie begegnen.
- Gehe mit dir selbst gut um. Sei dir selbst dein bester Freund/deine beste Freundin.

Bestimmt fallen dir spontan Situationen ein, in denen du den Druck von außen stark gespürt hast oder Momente, in denen du dich den Erwartungen anderer an dich gebeugt hast. Auch wenn es vielleicht ein bisschen ungewöhnlich erscheint, möchten wir dich hier einladen, deinen Körper und deine mentale Power zu nutzen, um in Zukunft besser gewappnet zu sein.

Denk an eine Situation, in der du zukünftig ganz bei dir bleiben und gerne „Nein“ sagen willst. Und nun stell dich aufrecht hin, Beine versetzt, sodass du eine stabile Haltung hast und strecke dann deine Arme gerade vor dich aus, beide Handflächen aufgerichtet, in einer Abwehrhaltung. Dabei sagst du laut und überzeugend „Nein“. Jetzt sagst du innerlich und äußerlich „Nein“ — klar, deutlich und spürbar.

Anschließend legst du beide Handflächen auf dein Herz und bleibst ganz bei dir, spürst das, wozu du ganz klar „Ja“ sagen willst. Wiederhole diese Übung ein paar Mal, sodass du auch innerlich spürst, wie sich ein „Nein“ und wie sich ein „Ja“ anfühlt.

Oftmals bemerkst du schon frühzeitig ein körperliches Signal, wenn etwas gegen deine Werte läuft. Das ist sehr individuell, kann aber z. B. ein Kribbeln, ein Schauer oder ein Gefühl der Enge in der Brust oder im Magen sein oder auch etwas ganz anderes. Achte auf diese Zeichen und beobachte, wann sie sich einstellen. In solchen Momenten kannst du überprüfen, ob du noch ganz bei dir bist. Falls nicht, kannst du innerlich, sprich unbemerkt, in diese Abwehrhaltung gehen und im Geiste „Nein“ sagen.

Wann möchtest du in Zukunft eher **NEIN** und damit **Yeah** zu deinen eigenen Werten sagen? Und wer in deinem Umfeld könnte dir dabei sogar helfen?

Wenn du magst, kannst du in dich gehen und ganz frei, ohne Wertung und Bewertung, überlegen, wer dich bei deinen Entscheidungen und Vorhaben, Plänen und Visionen unterstützen, stärken und motivieren kann.

Schreibe 10 Namen von Menschen auf, die dir spontan, in diesem Augenblick, einfallen.

Nun verorte die einzelnen Personen in deinem **„Beziehungs-Kreis“**, wobei du und deine selbst gestaltete Zukunft das Zentrum darstellen. Auf den einzelnen Ringen kannst du einzeichnen, wie stark dich jemand in deinem Vorhaben unterstützt, auf deiner Seite ist, dich motiviert. Je näher am Zentrum, desto bedeutsamer ist dieser Mensch für dich und deinen Weg. Lass dich von deinem Bauch bzw. deiner Intuition leiten und schalte den Kopf aus. Manchmal können es unter Umständen sehr vertraute Menschen sein, die uns eher weniger helfen können.

Nachdem du alle zehn Namen verortet und dir dieses Bild angeschaut hast, kannst du nun entscheiden, wen du vielleicht sogar noch näher an dich heranrücken möchtest, um dir Kraft und Stärke zu holen für dein Abenteuer Zukunft.

10 NAMEN ALS LISTE

BEZIEHUNGS-KREIS

„Lass dir von niemandem das Gefühl geben, nicht verdient zu haben, was du willst.“

Anonym

Mein *i*nnerer Coach

Wie ich mich selbst unterstützen kann

Dein **innerer Coach** ist dein motivierender, achtsamer und wohlwollender Begleiter in allen Lebenslagen. Wenn du auf dein inneres Team schaust, dann handelt es sich um den Persönlichkeitsanteil in dir, der die Fähigkeit hat, allen anderen Stimmen aufmerksam zuzuhören und sie einzubinden.

Dein innerer Coach sieht immer deine Stärken und Skills, kennt dein Wofür und deine Vision, hebt deine inneren Schätze und weiß, welche Ressourcen du hast, um deine Ziele zu erreichen. Er ist stets optimistisch und blickt lösungsorientiert nach vorne. Er kennt dich in- und auswendig und will das Beste für dich.

In unserem Leben werden wir immer wieder mit Herausforderungen konfrontiert, im Innen und Außen. Und wir haben immer die Wahl, im Problemzustand zu verharren oder uns bewusst aus der Situation herauszumanövrieren. Wie Aristoteles schon sagte: Wir können den Wind nicht ändern, aber die Segel anders setzen. Wir haben immer die Wahl.

Und wenn wir wissen, was wir wirklich, wirklich wollen, und wohin unser Weg gehen kann, sind wir schon um einiges weiter. Wir haben unseren inneren Kompass, der uns leiten kann, die richtigen Entscheidungen zu treffen, um Großartiges zu bewegen. Denn du bist es wert und du bist wichtig.

Also, lass uns deinen ganz eigenen inneren Coach aktivieren!

Insp*i*rationsfragen

Mein innerer Coach

Bitte suche dir 3 Inspirationsfragen aus und finde heraus, wie du dich selbst unterstützen kannst.

- Was brauche ich von Zeit zu Zeit, um motiviert und mutig meinen Weg zu gehen?
- Wie gelingt es mir, achtsam und wohlwollend mit mir selbst und auch meinen Schwächen umzugehen?
- Bin ich mir selbst eine gute Freundin/ ein guter Freund?
- Wann spreche ich wohlwollend und motivierend mit mir selbst?
- Wann nehme ich mir bewusst Zeit, um in den Dialog mit meinem inneren Coach zu gehen? Welchen Rahmen brauche ich dazu?
- Um welche Themen soll sich mein innerer Coach als erstes kümmern? Was wird seine Hauptaufgabe sein?
- Wie möchte ich die neuen Erkenntnisse für mich nutzen? Wie kann ich sie in meinen Alltag integrieren?
- Wie kann ich gewährleisten, dass ich immer noch auf der richtigen Spur zu meiner Vision bin?
- Auf welche Weise schafft es mein innerer Coach immer wieder, mich in mein richtiges Mindset zu bringen?

Hier hast du Platz für deine Antworten und Gedanken.

Mein Pep-Talk

Warum & wofür: Mit diesem Tool aktivierst du deinen inneren Coach, indem du eine kleine Motivationsrede für dich selbst kreierst, die du als Sprachmemo für dich aufnehmen kannst.

Unter dem englischen Begriff **Pep-Talk** versteht man eine Rede, die motiviert, Mut macht und Selbstbewusstsein schenkt.

Denk zurück an deine inneren Stimmen. Du weißt, dass es einige Stimmen in dir gibt, die dich (noch) davon abhalten, in deinem Sinne erfolgreich zu sein und deine Vision zu erreichen. Stell dir jetzt vor, dass du deinen inneren Teamcoach aktivierst.

Dein Coach motiviert dich auf die bestmögliche Art und Weise, findet genau die richtigen Worte, macht dir Mut und sagt dir genau das, was du hören willst, um dich so gut, so groß, so bereit zu fühlen, dass dich nichts und niemand aufhalten kann auf dem Weg in deine Zukunft. Dabei kannst du Bilder und Begriffe aus deiner Vision nutzen und auch dein Lebensmotto oder deine Message integrieren.

Schreibe kreativ und intuitiv, im besten Fall verlässt der Kugelschreiber das Blatt Papier gar nicht. Schenke dir mit Spaß und Freude ein paar motivierende Zeilen, eine kleine Aufmunterung, kraftgebende Worte, die nur für dich gelten und Sinn machen müssen. Fühle, wie die Energie, die Lust und der Tatendrang in dir mit jedem Satz mehr emporsteigen. Alles ist möglich. Dein Coach weiß das.

Jetzt leg den Stift zur Seite und nimm deine kleine Rede als Sprachmemo auf. Lies es so, wie du dir es von deinem Coach wünschen würdest — kraftvoll, bestimmt, laut und deutlich. Speichere deinen Pep-Talk so ab, dass du ihn schnell wiederfindest und nutze ihn, wann immer du ihn brauchst.

Meine inneren Stimmen

Wer spricht denn da?

Externe Erwartungen

Was andere von mir erwarten & verlangen

Meine Glaubenssätze

Was ich über mich selbst & die Welt glaube

Peer Pressure

Wer & was Einfluss auf mich nimmt

Zusammenfassung Auftauchen

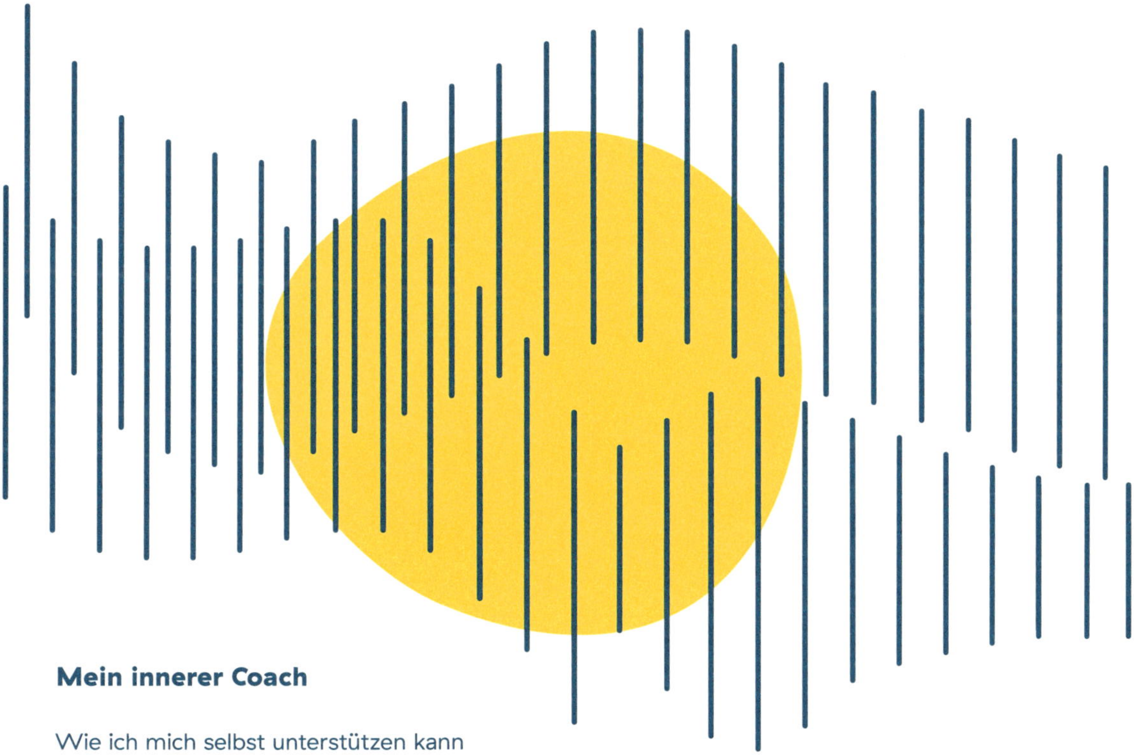

Mein innerer Coach

Wie ich mich selbst unterstützen kann

Los/egen & Los/assen

Wow, du hast dich erfolgreich mit deinen inneren und äußeren Hindernissen beschäftigt und bist jetzt an der Wasseroberfläche angekommen.

Das Großartige ist: Du kannst ganz allein entscheiden, wie es für dich nun weitergehen soll. Bleibst du im Wasser und kraulst mit anderen um die Wette, steigst du aufs Standup-Paddel-Board und paddelst in den Sonnenuntergang oder verlässt du das Element Wasser und betrittst den Strand?

OK, wir wollen die Metapher auch nicht zu sehr ausreizen, daher kommt hier ein Überblick, was dich in diesem vierten und letzten Kapitel erwartet.

Du wirst herausfinden, ...

- wohin du willst und was du erreichen möchtest
- wie du dich mental auf Erfolg programmierst
- wie du deine Skills trainierst und dich weiterentwickelst
- was du tun kannst, um deine Ziele zu erreichen
- wie du den Moment genießt und den Weg als Ziel begreifst.

Dabei wirst du merken, wie sich die einzelnen Etappen deiner Reise zu dir selbst wie Puzzleteile zu einem stimmigen Gesamtbild zusammenfügen werden. Kehre — wenn du es brauchst — zwischendurch immer wieder zu den vorangegangenen Kapiteln zurück und mache dir bewusst, was du schon alles über dich selbst weißt.

Genieße gleichzeitig die Aufbruchsstimmung, die in der Luft liegt. Es ist Zeit, nach vorne zu schauen und der Stimme deines Herzens zu folgen.

„Das größte Abenteuer,
das du erleben kannst, ist,
das Leben deiner Träume
zu leben.“

Oprah Winfrey

Mein Herzensziel

Wohin ich will & was ich erreichen möchte

Ein **Herzensziel** ist ein Ziel, das du dir selbst mit Freude gesetzt hast und mit ganzem Herzen erreichen möchtest. Es spiegelt das wider, was dir im Inneren wirklich wichtig ist. Du bist motiviert, aktiv etwas dafür zu tun, dieses Ziel zu erreichen. Und es bringt dich einen Schritt näher zu deiner Vision.

Im Optimalfall spiegeln sich in deinem Herzensziel deine persönlichen Werte, Bedürfnisse, Motivatoren, aber auch deine Essenz, deine Superpower und dein Wofür wider. Es ist sozusagen ein Kristallisationspunkt vieler Dinge, die du bereits über dich herausgefunden hast.

Während deine Vision sehr umfassend ist, wirst du bei deinem Herzensziel ganz konkret und fokussierst dich bewusst auf einen Bereich aus deiner Vision. So stellst du sicher, dass du den Scheinwerfer auf ein Ziel richtest, das du in der näheren Zukunft (bis zu einem Jahr) selbstbestimmt erreichen möchtest.

Aber hat denn jeder von uns wirklich ein persönliches Herzensziel? Diese Frage legt tiefste Wünsche und Hoffnungen frei, aber auch Ängste. Was, wenn ich mein Ziel nicht erreiche? Was, wenn ich mein Ziel noch gar nicht kenne?

Mach dir keinen Stress! Am flowreichsten wird die Suche nach deinem Herzensziel, wenn du dich in einen Zustand der entspannten Gelassenheit begibst und dir immer wieder vor Augen führst: **Ich entscheide mich glücklich zu sein, selbst wenn ich mein Ziel nicht erreichen sollte.**

Inspirationsfragen

Mein Herzensziel

Bitte suche dir 3 Inspirationsfragen aus und finde heraus, wohin du willst und was du erreichen möchtest.

- Was möchte ich in den kommenden Monaten erreichen?
- Auf welches Ziel aus meinem Vision Board möchte ich mich zunächst fokussieren?
- Bei welchem Bildausschnitt oder Ziel aus meiner Vision springt mein Herz jetzt schon vor Freude?
- Wenn ich ganz tief in mich reinhöre, welches Herzensziel möchte als erstes angegangen und erreicht werden?
- Warum möchte ich unbedingt dieses Ziel erreichen?
- Wie werde ich mich fühlen, wenn ich mein Ziel erreicht habe?
- Was bin ich bereit zu vernachlässigen, um mein Ziel zu erreichen?
- Wer hat schon einmal ein ähnliches Ziel erreicht und was kann ich von dieser Person lernen?
- Welche meiner Stärken kann ich einsetzen, um mein Ziel zu erreichen?
- Wie kann ich Flow erleben, während ich mich auf dem Weg zu meinem Ziel befinde?
- Ist es wirklich mein Ziel oder kommt es von jemand anderem?

Hier hast du Platz für deine Antworten und Gedanken.

Tool

Follow your Heart

Warum & wofür: Mit diesem Tool findest du heraus, für welches deiner Ziele dein Herz besonders schlägt.

Du hast im zweiten Kapitel bereits ein Vision Board erstellt und so deine Vision und Ziele für die Zukunft visualisiert. Blicke jetzt erneut auf dein Vision Board und verbinde dich mit der besten Version deiner Zukunft:
Welches deiner Ziele spricht dich am meisten an? Was ist dein Herzensziel, auf das du dich in den kommenden Monaten fokussieren möchtest? Wobei fühlst du dich positiv aufgeregt und freudig zugleich?

Schreibe jedes Ziel, das Potenzial für ein Herzensziel hat, auf jeweils einem Zettel auf und formuliere es möglichst genau. Dabei kann dir die sogenannte **SMART-Formel** helfen. Sie besagt, dass wir uns Ziele möglichst **s**pezifisch, **m**essbar, **a**ttraktiv, **r**ealistisch und **t**erminiert setzen sollten.

Dann leg die Zettel auf den Boden und nimm dir ein paar Minuten Zeit, um ruhig und aufmerksam in diesem Moment ganz nah bei dir zu sein. Keine Ablenkung im Außen und so wenig wie möglich im Innen. Atme dreimal tief ein und aus, leg deine Hände auf dein Herz und frag dich und deine innere Weisheit: Welches ist wirklich mein Herzensziel?

Fühle, spüre, beobachte und nimm wahr. Was genau? Einfach alles — jedes Kribbeln, Zucken, Ziehen, jede Bewegung und jeden Gedanken. Werde zur Expertin/zum Experten für dich selbst und lerne, dich wahrzunehmen und zu lesen.

Mit dieser hohen Aufmerksamkeit stellst du dich nun auf jeden einzelnen Zettel und beobachtest deine Reaktion. Was verändert sich? Wo fühlst du dich am wohlsten, wo steigt Wärme auf, wo geht dein Körper nach vorne und wobei eher nach hinten, wo hast du einfach ein gutes Gefühl?

Gerne kannst du die Augen dabei schließen, sodass du dich voll und ganz auf deine Intuition verlässt. Ohne Zweifel wirst du dein Herzensziel finden oder sogar anders herum: **Dein Herzensziel wird dich finden.**

S SPEZIFISCH

M MESSBAR

A ATTRAKTIV

R REALISTISCH

T TERMINIERT

MEIN HERZENSZIEL (AUSFORMULIERT)

„Ich habe in meiner Karriere über 9.000 Mal daneben geworfen. Ich habe fast 300 Spiele verloren. 26 Mal hat meine Mannschaft darauf vertraut, dass ich Siegtreffer lande und ich habe sie enttäuscht. Ich habe im Leben immer wieder versagt … und deshalb bin ich erfolgreich.“

Michael Jordan

Mein Mindset

Wie ich mich mental auf Erfolg programmiere

Dein **Mindset** beschreibt deine innere Haltung und ist auch mit mentaler Stärke gleichzusetzen. Glaubst du an dich selbst und bist du überzeugt davon, dass du erfolgreich sein und dein Herzensziel erreichen kannst?

Unser persönliches Mindset wird — so wie unsere Glaubenssätze — auch durch Erfahrungen in der Kindheit geprägt. Jedoch haben Forscher*innen herausgefunden, dass wir durch die Neuroplastizität unseres Gehirns neue und förderliche Glaubenssätze, Denkmuster und Haltungen aufbauen können.

Wenn wir eine grundsätzliche Veränderungs- und Lernbereitschaft mitbringen, dann besitzen wir ein sogenanntes **Growth Mindset**. Es unterscheidet sich ganz wesentlich von einem **Fixed Mindset**, bei dem wir eher davon ausgehen, dass wir angeborene Talente und Fähigkeiten haben, uns jedoch nicht großartig verändern können.

Aus unserer Sicht ist ein Growth Mindset eine wesentliche Voraussetzung dafür, um in der Arbeitswelt der Zukunft erfolgreich zu sein. Durch den technologischen und digitalen Wandel verändert sich die Welt um uns herum so schnell, dass wir gar keine andere Wahl haben, als flexibel und kreativ mit neuen Rahmenbedingungen umzugehen. Mit einem Growth Mindset betrachten wir Herausforderungen nicht als Probleme, sondern als Chancen, selbst zu wachsen und uns persönlich weiterzuentwickeln.

Deshalb ist das richtige Mindset zunächst vor allem eine Entscheidung. Eine Entscheidung für persönliches Wachstum statt Stillstand.

Inspirationsfragen

Mein Mindset

Bitte suche dir 3 Inspirationsfragen aus und finde heraus, wohin du dich mental auf Erfolg programmierst.

- Wie stark glaube ich daran, dass ich neue Dinge erlernen und mich weiterentwickeln kann?
- Wie kann es mir gelingen, Hindernisse als Wachstumschancen zu betrachten?
- Was kann ich von meinen Vorbildern in Bezug auf mein Mindset lernen?
- Was kann ich tun, um mein eigenes Mindset zu stärken?
- Wie kann ich meinen inneren Coach aktivieren, um mit einem positiven Mindset meine Ziele zu erreichen?
- Wie gut kann ich mein Mindset ganz bewusst verändern? Was hilft mir dabei?
- Welche Strategien wende ich bereits ganz automatisch an, um in ein anderes Mindset zu kommen? Hilft mir Musik, Bewegung und Austausch mit anderen oder frische Luft?
- Was macht für mich ein positives und motivierendes Mindset aus?

Hier hast du Platz für deine Antworten und Gedanken.

Tool/

Mein Song

Warum & wofür: Mit diesem Tool findest du einen motivierenden Song, der dich innerhalb von kürzester Zeit in dein Growth Mindset bringt.

Je besser du dich kennst, desto mehr Möglichkeiten wirst du finden, um positiven Einfluss auf dein Mindset, deine Gedanken und deine Gefühlswelt zu nehmen. Eine der effektivsten und schnellsten Methoden, innerhalb von wenigen Sekunden in einen anderen inneren Zustand gebeamt zu werden, ist durch Musik und durch Bewegung!

Let's do it: Fühle dich eingeladen, entweder im Geiste oder ganz konkret auf deiner Playlist nach Songs zu suchen, die dich sofort gut gelaunt und positiv stimmen, die Lust aufs Leben machen und dich motivieren. Welche Lieder hörst du, um an dich, deine Vision, deinen Erfolg und an deine Träume zu glauben? Manchmal ist es der Text, der uns pusht und manchmal ist es der Rhythmus, der Beat oder eine konkrete Erinnerung, die wir mit diesem Song verbinden.

Und nun drücke auf PLAY, schließe die Augen und folge der Musik. Tanze so, als ob niemand dich sieht :-) Genieße diesen Moment und mache dich frei!

Welcome on your dancefloor. Suche dir nun deinen Lieblings-Move oder deine Lieblings-Pose aus und verknüpfe sie mit diesem Gefühl der Freude und der Verbundenheit mit dir selbst. Voilà — jetzt hast du zwei Anker, den Song und den Move, um dich immer und überall in dieses Gefühl, bzw. in dieses Mindset zurückzuversetzen.

MEIN SONG

MEIN MOVE / MEINE POSE

„Ich fürchte nicht den Mann, der 10.000 Kicks einmal übte, sondern den Mann, der einen Kick 10.000 Mal übte."

Bruce Lee

Mein Dojo

Wie ich meine Skills trainiere & mich weiterentwickle

Ursprünglich ist **Dojo** der Platz, an dem Buddha — unter dem Bodhi-Baum sitzend — Erleuchtung erlangte. Heutzutage bezeichnet es den Trainingsraum, in dem japanische Kampfkünste gelehrt werden und im übertragenen Sinne steht es für die Gemeinschaft der dort Übenden. In diesem Buch soll es dein persönlicher Trainingsraum sein, in dem du selbst deine Skills trainierst, deine Stärken stärkst, dich mit deinen Schwächen beschäftigst und dich persönlich weiterentwickelst.

Du merkst schon: Dein Dojo scheint mit einer gewissen Anstrengung verbunden zu sein. Und das ist aus unserer Sicht etwas sehr Positives. Auch wenn wir in diesem Buch viel von Flow und müheloser Arbeit sprechen, so ist es genauso wichtig zu betonen, dass wir ohne eine gewisse Anstrengungsbereitschaft unsere Ziele nicht erreichen werden. Viele Menschen, die wir für ihre Meisterschaft in einem bestimmten Bereich bewundern (z. B. Profi-Surfer Kelly Slater, Tennislegende Serena Williams oder Sängerin Lady Gaga) haben jahrelang hart für ihren Erfolg gearbeitet.

Wir werden dann selbstwirksam und erfolgreich sein, wenn wir die positiven Konsequenzen unserer Anstrengung sehen. Dabei dürfen wir durchaus das Gefühl von Stolz zulassen und spüren.

Wenn wir unsere Stärken systematisch trainieren und Skills erwerben, die in der neuen Arbeitswelt gebraucht werden, dann schenken wir uns damit selbst zwei Dinge: Zum einen die Sicherheit, dass wir immer eine Arbeit finden werden und zum anderen die Gewissheit, dass wir Dingen nachgehen können, die uns Freude bereiten.

Insp*i*rationsfragen

Mein Dojo

Bitte suche dir 3 Inspirationsfragen aus und finde heraus, wie du deine Skills trainierst und dich weiterentwickelst.

- Welche meiner Stärken möchte ich ausbauen?
- Welche Skills muss ich erwerben, um mein Herzensziel zu erreichen?
- Welche neuen Dinge möchte ich lernen?
- Wie kann ich eine Routine etablieren, um kontinuierlich am Ball zu bleiben?
- Wie kann ich mich auch an Tagen, an denen ich eigentlich keine Lust habe, motivieren? Wer oder was kann mir dabei helfen?
- Welche Skills werden in der neuen Arbeitswelt gebraucht?
- Welche davon bringe ich schon mit, welche möchte ich trainieren?
- Wie schaffe ich es, den Fokus zu halten?
- Wo möchte ich mich mehr anstrengen? Wo möchte ich mich weniger anstrengen?
- Welches Mitglied aus meinem inneren Team kann mir helfen, um motiviert dabei zu bleiben?

Hier hast du Platz für deine Antworten und
Gedanken.

Tool

My Poem

Warum & wofür: Mithilfe dieser Übung lernst du, wie du innerhalb von kurzer Zeit mit der passenden Technik eine neue Fähigkeit erwerben und dein Growth Mindset trainieren kannst.

„Wer das Ziel kennt, kann entscheiden.
Wer entscheidet, findet Ruhe.
Wer Ruhe findet, ist sicher.
Wer sicher ist, kann überlegen.
Wer überlegt, kann verbessern."

Konfuzius *(etwa 551–479 v. Chr.)*, chinesischer Philosoph

Am Beispiel von Konfuzius bist du eingeladen, dein eigenes Gedicht zu schreiben. Eine innere Stimme erzählt dir, du bist kein Dichter? Du schaffst das! Wir glauben an dich und dein Growth Mindset! Du darfst dich dabei ganz eng an dem großen Konfuzius orientieren, seine Systematik übernehmen und dann völlig deiner Kreativität vertrauen. Lasse es fließen:

„Wer sein Ziel kennt, ..."
oder, wenn du möchtest,
„Wer sich kennt, ... "

Beende diesen Satz mit deinen Gedanken und wiederhole diesen Gedanken am Anfang des nächsten Satzes. Beginne jeweils mit dem Wort *Wer* und verbinde die beiden Satzteile mit einem Komma:

Beispiele:
Wer sich kennt, der weiß bereits mehr.
Wer mehr weiß, der hat die Macht über sein Leben.
Wer die Macht über sein Leben hat, lebt in Freiheit.
Wer in Freiheit lebt, ist meistens glücklich.
Wer glücklich ist, der macht auch andere glücklich.

WER SEIN ZIEL KENNT,

WER

WER

WER

WER

„Auch ein tausend Meilen langer Weg beginnt mit einem einzigen Schritt."

Lao Tzu

Mein Masterp/an

Was ich tue, um mein Ziel zu erreichen

Dein **Masterplan** beinhaltet alles, was du brauchst und tust, um dein Herzensziel zu erreichen. Besonders dann, wenn wir große Ziele für unser Leben formulieren, kann es sehr wirkungsvoll sein, einen Plan zu erstellen. Ein Plan unterstützt uns dabei, Zwischenetappen zu definieren, sodass wir nicht das Gefühl haben, vor einem riesigen Berg zu stehen. Ein Plan hilft uns, auch mit kleinen, machbaren Schritten zu starten und er schenkt uns die Gewissheit, dass wir selbst etwas zur Zielerreichung beitragen können. Außerdem lässt er uns abschätzen, wie lange wir für unseren Weg zum Ziel brauchen.

Stell dir vor, du öffnest eine Navigations-App und gibst deinen Zielort, deinen aktuellen Standort, dein favorisiertes Fortbewegungsmittel und den Zeitpunkt deiner Abfahrt ein. Im nächsten Schritt erhältst du Vorschläge für die besten Routen und kannst die für dich passende auswählen.

Analog dazu kannst du deinen persönlichen Masterplan entwickeln: Durch unsere Übungen hast du bereits für dich herausgefunden, wo du stehst (Standortbestimmung) und wo du hin möchtest (Zieleingabe). Jetzt musst du nur noch festlegen, welche Etappenziele du anpeilst, um gesund und glücklich zu deinem Herzensziel zu gelangen.

Wichtig dabei ist, dass wir nicht übertrieben an unserem Plan festhalten, wenn sich Rahmenbedingungen ändern oder wir merken, dass sich unser Ziel — aus welchem Grund auch immer — verändert hat.

Auch sollte unser Masterplan uns nicht davon abhalten, mit offenen Augen durch die Welt zu gehen und sowohl die unverhofften positiven Ereignisse zu begrüßen als auch die unerwarteten Herausforderungen des Lebens zu meistern. Denn wie sagte schon John Lennon: **„Life is what happens while you're busy making other plans."**

Inspirationsfragen

Mein Masterplan

Bitte suche dir 3 Inspirationsfragen aus und finde heraus, was du tun kannst, um dein Ziel zu erreichen.

- Welche Entscheidungen muss ich treffen, um zu meinem Herzensziel zu gelangen?
- Welche ganz konkreten Schritte will ich gehen, um meinem Herzensziel näher zu kommen?
- Was werde ich noch heute tun, um mein Ziel zu erreichen?
- Welche Zwischenetappen gibt es auf dem Weg zu meinem Herzensziel? Bis wann möchte ich sie erreicht haben?
- Wer ist schon einmal einen ähnlichen Weg wie ich gegangen? An wem kann ich mich orientieren?
- Wer kann mich dabei unterstützen, zu meinem Herzensziel zu gelangen?
- Welche inneren und äußeren Hindernisse muss ich aus dem Weg räumen, um mein Herzensziel zu erreichen?
- Wie kann mich mein innerer Coach dabei unterstützen?

Hier hast du Platz für deine Antworten und Gedanken.

Kanban-Board

Warum & wofür: Mit diesem Tool visualisierst du alle wichtigen Aufgaben und Schritte auf dem Weg zu deinem Herzensziel.

Kennst du das? Du schreibst dir ewig lange To-do-Listen und am Ende des Tages streichst du drei Aufgaben durch, um vier neue hinzuzufügen? Hoffentlich nicht, aber wir — und viele Menschen, die in der Arbeitswelt angekommen sind — kennen das nur zu gut. Deshalb sprechen wir manchmal auch lieber von „Ta-da-Listen" als von „To-do-Listen."

Eine Methode, die häufig in der neuen Arbeitswelt in der Teamzusammenarbeit genutzt wird und die uns auch bei unserer persönlichen Planung helfen kann, ist das sogenannte Kanban-Board. Es stammt aus Japan (kan = Signal, ban = Karte) und funktioniert meist in Form einer Wandtafel oder mittlerweile auch digital. Das Kanban-Board hilft uns dabei, alle Aufgaben und Schritte zu visualisieren, die wir angehen müssen, um ein von uns definiertes Ziel zu erreichen. Es ist wie ein Masterplan, der jedoch nicht starr ist, sondern flexibel an neue Umstände und Rahmenbedingungen angepasst werden kann.

Das Kanban-Board wird in der Grundversion in drei Spalten unterteilt — To-do, Doing, Done —, auf denen dann Haftnotizen, Karten oder digitale Boxen mit den jeweiligen Aufgaben platziert werden.

In der linken Spalte (To-do) notierst du alle Aufgaben, Schritte oder Entscheidungen, die mit deinem Herzensziel verbunden sind. So hast du einen Überblick, was alles in den kommenden Wochen getan werden darf. Sobald du damit beginnst, eine dieser Aufgaben zu erledigen, ziehst du die Karte in die mittlere Spalte (Doing). Achte dabei darauf, dass du nicht zu viele Aufgaben gleichzeitig angehst und dich immer auf das Wesentliche fokussierst.

In die ganz rechte Spalte (Done) wandert eine Karte dann, wenn du die darauf stehende Aufgabe erledigt hast. Somit hast du das gute Gefühl, dass du mit jeder nach rechts wandernden Karte deinem Herzensziel einen Schritt näher gekommen bist.

Beispiel
Herzensziel: Ich möchte Kommunikationsdesign studieren, um mithilfe meiner größten Stärke — Kreativität — ansprechende Produkte zu kreieren.

To-do	Doing	Done
Eine Mentorin suchen	Geeignete Studienorte recherchieren	Voraussetzungen für das Studium recherchieren
Erfolgreiche Bewerbungs-mappen anschauen		
Eigene Bewerbungs-mappe anfertigen		

„Loslassen ist der Schlüssel zum Glück.“

Buddha

Los/assen

Wie ich den Moment genieße & den Weg als Ziel begreife

Loslassen bedeutet, auf unserem Weg zur Zielerreichung bewusst Pausen einzulegen und unseren Fokus auf andere Dinge zu lenken. Wenn wir uns immer nur auf unsere Ziele und unsere Zukunft ausrichten, dann laufen wir Gefahr, zu Getriebenen zu werden und die Gegenwart zu vernachlässigen.

Deshalb ist es so wichtig, auch die Kunst des Loslassens zu beherrschen, im Hier und Jetzt anzukommen und den Moment zu genießen. Wenn wir absolut präsent in der Gegenwart sind, dann können wir unser volles Potenzial abrufen und darauf vertrauen, dass gute Dinge von ganz allein passieren werden.

Stell dir vor, du ziehst an einem schweren Seil, um einen daran befestigten, weit entfernt liegenden Gegenstand zu dir zu ziehen. Wahrscheinlich würde dir dein Körper sehr schnell signalisieren, dass du zwischendurch kleine Pausen einlegen musst — das Seil loslassen musst —, um dann mit neuer Kraft und Energie weiterzumachen.

Genauso helfen uns Phasen des Loslassens, in den Modus der Kreativität zu kommen und mit neuer Energie unsere Ziele zu verfolgen. Wenn wir beginnen, uns selbst und unsere Ziele zu ernst zu nehmen, dann können wir uns im Loslassen vergegenwärtigen, wie klein wir Menschen im Verhältnis zu den endlosen Weiten unseres Universums sind.

Also: Breathe in, breathe out and let it go :)

Inspirationsfragen

Loslassen

Bitte suche dir 3 Inspirationsfragen aus und finde heraus, wie du den Moment genießen kannst.

- Welche Zukunftsängste und Sorgen darf ich loslassen, um meinen Weg ganz unbeschwert zu gehen?
- Wie kann ich das Hier & Jetzt genießen?
- Warum fällt es mir manchmal schwer, loszulassen?
- Wer ist für mich Meister*in des Loslassens?
- Wann ist mir in meinem Leben schon einmal etwas richtig Gutes passiert, ohne dass ich aktiv etwas dafür getan habe?
- Warum werde ich glücklich sein, selbst wenn ich meine Ziele nicht erreiche?
- Wie kann ich die für mich stimmige Balance zwischen dem Fokus auf mein Ziel und dem Loslassen finden?
- Wie kann es mir gelingen, schon den Weg als Ziel zu begreifen?
- Wie kann ich ganz bewusst Pausenzeiten in meinen Alltag integrieren und wie möchte ich sie verbringen, um neue Energie zu tanken?

Hier hast du Platz für deine Antworten und Gedanken.

Eine schöne Geschichte aus dem Zen illustriert die Kunst des Loslassens auf eindrucksvolle Weise:

Ein Schüler geht zu einem Meister. Er sagt, er wolle unbedingt dessen Kampfkünste lernen und fragt ihn, wie lange das wohl dauern würde.

„*Zehn Jahre*“, antwortet der Meister.

Der ungeduldige Schüler ist nicht zufrieden mit dieser Antwort. Das muss doch schneller gehen, denkt er. Also betont er, er wolle es wirklich schneller schaffen und sei bereit, jeden Tag mindestens 15 Stunden hart daran zu arbeiten.

Er fragt den Meister, wie lange es denn in diesem Fall dauern würde?
„*Zwanzig Jahre*“, antwortet der Meister.

„*Ich verstehe nicht, Meister*“, sagt der enttäuschte Schüler, „*warum es dann noch länger dauern soll?*“

„*Es ist dein übermäßiges Wollen, das dir Kraft entzieht. Wenn du ein Auge auf dem Ziel hast, kannst du nur noch mit einem Auge auf den Weg schauen.*“

Tool

Message in a Bottle

Warum & wofür: Mithilfe dieses Tools lernst du ein kleines Ritual kennen, das dir dabei hilft, im Vertrauen loszulassen.

Du hast auf deiner Reise zu dir selbst viel Zeit investiert, dir intensiv Gedanken gemacht und tief in dich reingefühlt. Heute kennst du dich und deine Wünsche besser als zuvor. Jetzt gilt es, sich zufrieden zurückzulehnen und das, was da ist, zu genießen — voller Dankbarkeit und Zufriedenheit.

Let's do it: Schreibe deine **Message in a Bottle** und bleibe verbunden mit dem Wasser, das dich bis hierher getragen hat. Die Flasche kannst du entweder als Erinnerung bei dir behalten oder sie tatsächlich auf die Reise schicken.

Nimm dir ein leeres Blatt Papier und schreibe dein Herzensziel und deine größten Wünsche auf. Oder leg eine Kopie deines Vision Boards in die Flasche. Was auch immer dir richtig und wichtig erscheint, um symbolisch deine Ziele und Visionen loszulassen — pack es in die Flasche im Vertrauen darauf, dass alles zu dir kommen darf und sich erfüllt.

Mein Mindset

Wie ich mich mental auf Erfolg programmiere

Mein Dojo

Wie ich meine Skills trainiere &
mich weiterentwickle

Mein Masterplan

Was ich tue, um mein Ziel zu erreichen

Loslassen

Wie ich den Moment genieße &
den Weg als Ziel begreife

Zusammenfassung Los/egen & Los/assen

Mein Herzensziel

Was ich will & was ich erreichen möchte

Enjoy the Ride

Herzlichen Glückwunsch!

Du hast es geschafft — WOW! You really made it!

Du bist drangeblieben, auch wenn es mal Tage gab, an denen die Lust und Motivation vielleicht einfach nicht spürbar war. Du bist auf diese Reise zu dir selbst aufgebrochen und hast dich dabei durch neue Erfahrungen und Erkenntnisse beschenkt.

Du hast dir selbst gezeigt, wie wichtig du dir bist und wie ernst dir deine eigenen Träume, Wünsche und Visionen sind. Sogar den etwas unbequemen Fragen hast du dich gestellt und Neues für dich und über dich entdeckt.

Vielleicht sind heute noch nicht alle Fragen beantwortet und nicht alle Entscheidungen getroffen, aber du bist dir selbst, deinen Stärken, deinen Werten, deinen Wünschen, dem, was dich im Kern ausmacht und was dir so wirklich, wirklich wichtig ist, einen großen Schritt nähergekommen. Und das hilft und macht es dir leichter, zu spüren und zu wissen — **wer du bist und wer du sein willst.**

Cooling Down

Sehr häufig im Leben bleibt unser Blick nach vorne gerichtet und wir vergessen, kurz innezuhalten und uns zu vergegenwärtigen, was wir bereits geschafft haben. Fühl dich eingeladen, den Pause-Button zu drücken und dir bewusst zu machen, was dir auf deiner Reise klarer werden durfte:

Ich kenne mich selbst gut und weiß, dass mich diese 3 Dinge ausmachen:

Das habe ich über mich gelernt bzw. neu entdecken dürfen:

Wenn ich an meine Zukunft denke, freue ich mich am meisten auf:

Das werden meine ersten Schritte in meine selbstbestimmte Zukunft sein:

Das hat mich auf meiner Reise zu mir selbst am meisten überrascht:

Heute kann ich viel klarer formulieren, dass ...

Tool

Letter to Myself

Warum & wofür: Mithilfe dieser Übung beamst du dich in die Zukunft und aktivierst deinen inneren Coach, indem du dir Ratschläge von deinem älteren und weiseren „Ich" einholst.

Zum Abschluss deiner Reise möchten wir dich einladen, einen Brief an dich selbst von deinem zukünftigen „Ich" zu schreiben. Suche dafür gerne einen deiner Lieblingsorte auf, an dem du dich so richtig in den Flow schreiben kannst und nimm dir ausreichend Zeit.

Wähle als erstes ein Alter für dein zukünftiges „Ich" , z.B. 30 oder 40. Wie siehst du wohl aus, was hast du an, wo befindest du dich? Es wird dir helfen, die Ziele zu bestimmen, die du zu diesem Zeitpunkt in deinem Leben erreicht haben willst.

Du schreibst diesen Brief an dich selbst, habe also nicht das Gefühl, dass du eine formale Sprache anwenden musst. Schreibe, als würdest du mit deinem besten Freund reden. Beschreibe dein gegenwärtiges „Ich" in Kürze. Beginne mit einer Erinnerung daran, wer du gerade heute bist. Was ist auf dem Weg zum zukünftigen „Ich" alles geschehen? Denke daran, deine jüngsten Errungenschaften zu erwähnen, deine aktuellen Interessen. Das wird dir ermöglichen zu sehen, wie sehr sich dein Leben verändert hat seit dem Verfassen des Briefes.

Denke über mögliche Ängste nach, die du heute in Bezug auf deine Zukunft spürst und lass dir durch dein zukünftiges „Ich" schildern, wie du diese Ängste über die Zeit überwunden hast.

Bestimme deine wichtigsten Werte und Überzeugungen. Erlaube deinem zukünftigen „Ich" zu schildern, welche deiner Werte geholfen haben, deinen Weg zu gehen bzw. deine Visionen zu realisieren.

Schreibe auf, wie du deine Essenz und deine Superpower gelebt hast und dabei deine Fähigkeiten und Stärken eingesetzt hast. Wähle ein paar Fähigkeiten oder Stärken aus, die du für dein Wofür und zum Erreichen deiner Vision genutzt hast.

Definiere deine Ziele und Hoffnungen. Lass dein zukünftiges „Ich" über Dinge schreiben, die du konkret in der Zukunft erreicht hast.

Füge — wenn du magst — Dinge ein, mit denen du aufgehört, weitergemacht oder angefangen hast.

Gib dir selbst Ratschläge und Tipps. Liste Ratschläge von deinem zukünftigen „Ich" auf, denen du gefolgt bist. Diese Ratschläge können einfach oder komplex sein.

Versiegele den Brief. Komme nicht in Versuchung, den Brief zu lesen, bevor die Zeit dafür gekommen ist. Verschließe ihn in einem Briefumschlag oder klebe ihn mit Klebeband zu. Das ist auch nützlich, um den Brief zu schützen, besonders wenn du gedenkst, ihn in 10—20 Jahren zu lesen. Wenn dein Brief digital ist, dann archiviere ihn oder verschiebe ihn in einen Ordner, den du finden kannst, wenn es an der Zeit ist, den Brief zu lesen.

Bewahre den Brief an einem sicheren Ort auf. Wenn du dich entschieden hast, eine Papierversion des Briefes zu schreiben oder auszudrucken, musst du ihn an einem Ort aufbewahren, der sowohl leicht zugänglich als auch vor Wettereinflüssen geschützt ist. Wenn der Brief nicht leicht zu entdecken ist, musst du dir selbst eine Erinnerung schreiben, wo er ist: Sonst könntest du den Brief vergessen, wenn es endlich an der Zeit ist, ihn zu lesen. Du kannst den Brief in einer Erinnerungsschachtel aufbewahren oder sogar in einer Zeitkapsel.

Natürlich kannst du auch ein Programm, eine Webseite oder eine Anwendung nutzen, wenn du dir den Brief als E-Mail in der Zukunft selbst schicken möchtest.

Tool

Wofür ich dankbar bin

Warum & wofür: Mithilfe dieses Tool lädst du die positive Kraft der Dankbarkeit in dein Leben ein und lernst ein Ritual kennen, das du täglich durchführen kannst.

Dankbarkeit ist kraftvoll. Studien belegen, dass das Gefühl von Dankbarkeit nachweislich gesünder, glücklicher und optimistischer macht. Es vertreibt unangenehme Gefühle, wie Zweifel, Ärger, Neid oder Sorgen. „Dankbarkeit ist das Gefühl des Staunens und der Feier des Lebens“, so formuliert es der renommierte Psychologe Robert Emmons. Dankbarkeit tut uns gut, unabhängig davon, woher sie kommt.

Let's do it!

Es gibt viele Möglichkeiten, Dankbarkeit in deinen Alltag zu integrieren. Eine davon ist, einen positiven Tagesrückblick zu gestalten mit der Frage: **Wofür bin ich heute dankbar?**

1. Nimm dir abends einen Moment Zeit und mache dir bewusst, was du an diesem Tag alles erlebt hast. Lasse die Ereignisse und Gefühle nochmal Revue passieren.
2. Und nun frage dich: Wofür bin ich dankbar? Finde mindestens fünf Dinge, selbst wenn es dir zu Beginn schwer fällt. Vielleicht überraschst du dich selbst, wenn du merkst, dass es oftmals die kleinen Dinge sind, die uns zufrieden und glücklich stimmen.

Fühle dich eingeladen, dieses kleine Ritual täglich durchzuführen — vielleicht legst du dir ein kleines Dankbarkeits-Journal zu? Bereits nach einigen Tagen kannst du bemerken, dass deine Wahrnehmung tagsüber schon mehr und mehr auf die positiven Ereignisse ausgerichtet ist und sich langsam eine neue Zufriedenheit, Zuversicht und optimistische Grundhaltung einstellt.

„Dankbarkeit ist nicht nur die größte aller Tugenden, sondern auch die Mutter von allen.“

(Cicero)

Danke

Wir sagen Danke für

- dein Dranbleiben
- deine Präsenz
- deine Neugierde
- deine Offenheit
- deinen Mut
- deine Initiative
- deine Motivation
- dein Vertrauen
- deine Ehrlichkeit
- deine Zeit
- dein Engagement

Es war uns eine große Freude, dich auf deiner spannenden Reise begleiten zu dürfen. Wir wünschen dir weiterhin viel Freude, Flow und Neugierde, denn das war erst der Anfang!

Wir sagen Danke an

alle großartigen Unterstützer*innen unseres Crowdfunding-Projekts, die maßgeblich zur Produktion dieses Buches beigetragen haben, senden wir von Herzen ein riesiges DANKESCHÖN! Eure Großzügigkeit und euer Glaube an dieses Buch haben das Projekt erst möglich gemacht. Es ist überwältigend zu sehen, wie eine Gemeinschaft von Menschen zusammenkommt, um gemeinsam Träume Wirklichkeit werden zu lassen. Eure Beiträge haben nicht nur finanziell geholfen, sondern auch unsere Motivation und Überzeugung gestärkt. Vielen Dank für euer Vertrauen, eure Zeit und eure tatkräftige Unterstützung. Wir freuen uns riesig, dass dieses Buch nun auch in euren Händen liegt.

Herzlichen Dank:
Abigail, Alexander, Alexandra, Alicja, Andrea, Andreas, Barbara, Basil, Carolin, Carsten, Christa, Christiane, Christina, Christoph, Cornelia, Dinara, Dominik, Gabriela, Gyde, J.W., Jolanta, Jörg, Josephine, Julia, Jutta, Kai, Karoline, Karsten, Kathleen, Katrin, Larissa, Lars, Laura, Linda, Lisa, Liv, Marina, Markus, Monica, Monika, Oliver, Petra, Ralf, Reingard, Rena, Robert, Sabine, Silke, Sonja, Stefanie, Steffen, Stephanie, Susanne, Tessa, Tobias, Ulrike, Wolfgang.

Ein riesiges Dankeschön geht auch an das beeindruckende SouldiveZ-Team der vergangenen Jahre! Ohne euch wäre die Entstehung dieses Buches nicht möglich gewesen: Annika Beck, Crispin Scholz, Franziska Engels, Hannah Pfeiffer, Helena Borggreve, Jacob Beeken, Janne Weidisch, Kaya Freydag, Lina Döscher, Pia Schröder, Ulrike Jackson und Valerie Brockhausen.

Julia, Sonia, Sven & das SouldiveZ-Team

Über Soulworx

Wir, als Generation X,Y und Z, verbinden jahrelange Beratungserfahrung im Businesskontext mit psychologischem Verständnis und Coaching-Expertise. Unser Hauptauftrag liegt darin, Unternehmen durch alle entscheidenden Phasen der Transformation hin zu einer lernenden, gesunden und wirkungsvollen Organisation zu begleiten. Wir wissen, was es braucht, um Menschen mit sich, im Team und mit der Organisation zu verbinden. Damit Zufriedenheit, Wirksamkeit und Veränderungsbereitschaft entstehen.

Wir haben es uns zur Mission gemacht, die Kraft gelingender Beziehung, vor allem im Arbeitskontext, zu entfalten. Weil wir an eine Zukunft glauben, die durch mehr Zusammenhalt und ein besseres Zusammenwirken auch ein höheres kollektives Wohl schafft. Für eine menschlichere Wirtschaft, die eine menschlichere Gesellschaft über Generationen hinweg tragen kann.

Mit unserem Auftrag haben wir die Wichtigkeit erkannt, gerade auch junge Menschen zu ermutigen, ihren ganz eigenen Weg zu finden und zu gehen. Denn wir glauben daran, dass wir durch ein besseres Verständnis für uns selbst und unsere wahren Stärken, Neigungen, Talente und Fähigkeiten viel eher in der Lage sind, nicht nur für uns selbst, sondern auch für alle anderen eine positive Zukunft zu gestalten.

So entstand die Idee von **SouldiveZ**, der Bildungsinitiative von **Soulworx**, die sich der individuellen Entfaltung von jungen Menschen verschrieben hat. Wir wollen ihnen dabei helfen, sich in dieser immer komplexeren Welt zurechtzufinden, sich selbst zu entdecken und zu entfalten.

In zahlreichen Workshops und in unserem Online-Programm — der SouldiveZ-Journey — überprüften und verfeinerten wir in den vergangenen drei Jahren unsere Methoden und Ansätze hierzu. Und da es uns ein großes Anliegen ist, möglichst viele junge Menschen zu erreichen, begannen wir, unsere Gedanken, Impulse und Erfahrungen zu Papier zu bringen.

Das Schreiben dieses Buches war uns eine echte Freude. Wir liebten es, die Inhalte zu kreieren, die uns so am Herzen liegen und hatten das Glück, ein Team zu haben, das mit Begeisterung und Expertise an dieser Vision arbeitete. Jede*r von uns brachte dabei seine und ihre einzigartigen Qualitäten und Erfahrungen ein, um ein Werk zu erschaffen, das nicht nur informiert, sondern hoffentlich auch inspiriert und individuelle Erkenntnisse fördert.

Danke, lieber **Souldiver**, dass du dieses Buch in die Hand genommen hast. Wir hoffen sehr, dass dir das Lesen dieses Buches viel Spaß bereitet hat! Möge es dich immer wieder inspirieren und vor allem daran erinnern, dein ganzes Potenzial täglich zu leben.

Wie Alan Watts schon sagte:

„Wenn du also tust, was dich glücklich macht, wirst du auch andere glücklich machen. Das ist die beste Art, wie man anderen Menschen helfen kann.“

In Dankbarkeit.
Soulfully,
Julia

Über die Autor*innen

Julia von Winterfeldt

Julia ist eine beeindruckende Persönlichkeit mit über zwei Jahrzehnten internationaler Führungserfahrung im digitalen Umfeld. Heute ist sie eine leidenschaftliche Verfechterin des Humanismus und Gründerin von Soulworx, einer Beratungs- und Coaching-Firma, die sich der Förderung gelingender Beziehungen in der Arbeitswelt verschrieben hat. Als Podcasterin inspiriert sie ein breites Publikum und teilt ihre Expertise zu Themen wie persönliches Wachstum und neue dienliche Arbeitswelten. Julias persönliche Mission ist es, Menschen dabei zu unterstützen, ihre innere Lebendigkeit und Wirksamkeit zu entfalten. Mit Engagement und Expertise hat sie zahlreiche Individuen und Organisationen auf ihrem Weg zu größerem Wohlbefinden und Erfolg inspiriert. Julia ist eine Wegbereiterin des Wandels, die Hindernisse überwindet und Menschen ermutigt, ihre wahre Bestimmung zu finden, für ein erfülltes und dynamisches Leben.

Sonia Rutha

Mit ansteckender Lebensfreude, liebevoller Ehrlichkeit und spielerischen Impulsen bringt Sonia Menschen in Bewegung und inspiriert sie, ihr Leben in innerer und äußerer Freiheit zu führen, ihre Träume umzusetzen und das

Leben zu feiern. Den Weg zur Lösung findet sie in dem tiefen Vertrauen darauf, dass das Leben es gut mit uns meint. Als Kreativ-Therapeutin, Beraterin & systemische Coachin mit Schwerpunkt Embodiment und Visionsarbeit begleitet Sonia ihre Klienten auf dem Weg zu ihrem wahren Selbst (-ausdruck). Durch ihre langjährige Erfahrung als Führungskraft in der Kreativ- & Tourismusbranche verbindet sie Kommunikations-Expertise mit psychologischem Wissen und innovativen Kreativmethoden. Sie erfüllte sich ihren Herzenswunsch und wohnt und arbeitet heute mit ihrer Familie an der portugiesischen Algarve.

Sven von der Heyde

Sven hat 12 Jahre mit großer Freude als Gymnasiallehrer gearbeitet und dabei Hunderte von Schülerinnen und Schülern in ihrer Berufs- und Studienorientierung begleitet. Dabei hat er trotz vieler positiver Erfahrungen auch die Grenzen der schulischen Vorbereitung auf die neue Arbeitswelt erkannt. Svens Mission ist es, die Erkenntnisse der Positiven Psychologie für ein gelingendes und erfülltes Leben nutzbar zu machen. Als Coach und Trainer unterstützt er sowohl Führungskräfte aus der Wirtschaft als auch Schulleitungen und Lehrkräfte erfolgreich dabei, ihr ganzes Potenzial zu entfalten. Als Autor hat er zwei Bücher veröffentlicht, die seinen Leserinnen und Lesern auf spielerische Weise den Weg zu einem inspirierten, achtsamen und flowreichen Leben weisen.

Fotocredit
Julia: Darshana Borges
Sonia, Sven: Jacob Beeken

Impressum

Herausgeber
Soulworx GmbH
Zippelhaus 4
D-20457 Hamburg
hello@soulworx.de
+49 (0)176 84166130
www.soulworx.de

Autor*innen
Julia von Winterfeldt,
Sonia Rutha,
Sven von der Heyde

Gestaltung & Satz
Typoint, Berlin

Lektorat
Denis Stehr

Druck
Gutenberg Beuys

Schrift
GT Haptik

Papier Umschlag
Les Naturals Sable 330 g/m²
(100 % nachhaltige Recycling-Pappe, ausgezeichnet mit dem Umweltzeichen Blauer Engel)

Papier Innen
Fedrigoni Arena Natural Rough 120 g/m²
(FSC®-zertifiziert, aus ECF-Zellstoff)

Kurze Wege schonen die Umwelt. Dieses Buch wurde in Deutschland gedruckt.

ISBN: 978-3-00-076841-5

9 783000 768415